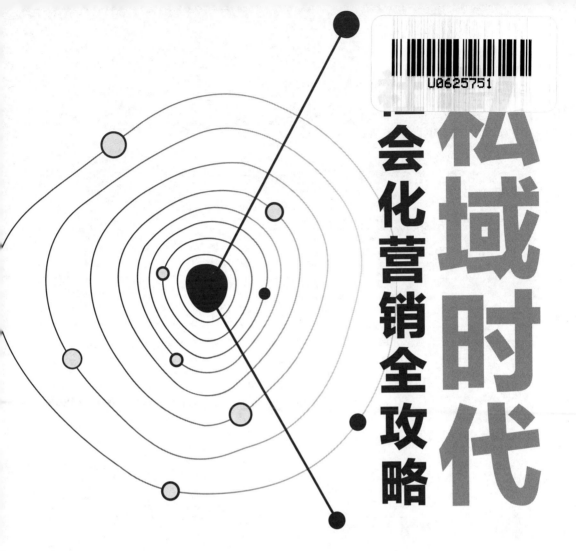

# 私域时代

## 社会化营销全攻略

神策研究院 编著

人民邮电出版社

北京

**图书在版编目（CIP）数据**

私域时代社会化营销全攻略 / 神策研究院编著. --
北京 ：人民邮电出版社，2023.6
ISBN 978-7-115-61187-1

Ⅰ．①私… Ⅱ．①神… Ⅲ．①网络营销 Ⅳ.
①F713.365.2

中国国家版本馆CIP数据核字(2023)第029480号

## 内 容 提 要

　　本书由专业的数据分析团队神策研究院编写，旨在通过复杂的数据表象，梳理出社会化营销的基本脉络，从而构建出适合我国市场情况的社会化营销理论体系。本书不仅介绍了社会化营销的发展历程、基础知识，还阐述了社会化媒体环境、社会化消费者、不同社会化媒体的网络结构和用户群体，并且针对不同社会化媒体平台，详细讲解了相应的营销策略、规划及具体营销方法与技巧，帮助读者建立社会化营销的整体知识框架与行动路线。

　　本书适合社会化营销的研究人员和具体从业者阅读参考。

◆ 编　　著　神策研究院
　　责任编辑　张天怡
　　责任印制　陈　犇

◆ 人民邮电出版社出版发行　　北京市丰台区成寿寺路 11 号
　　邮编　100164　电子邮件　315@ptpress.com.cn
　　网址　https://www.ptpress.com.cn
　　北京联兴盛业印刷股份有限公司印刷

◆ 开本：720×960　1/16
　　印张：15.5　　　　　　　2023 年 6 月第 1 版
　　字数：386 千字　　　　　2023 年 6 月北京第 1 次印刷

定价：69.80 元
读者服务热线：(010)81055410　印装质量热线：(010)81055316
反盗版热线：(010)81055315
广告经营许可证：京东市监广登字 20170147 号

2018年，流量池的概念被提出后，公域流量池和私域流量池也被公众所关注，当时的私域流量更多局限于社交电商，而公域流量始终掌握在媒体手中，企业需要营销，就要从媒体采购流量进行推广。随着公域流量价格的逐年升高，对于企业尤其是创业者来说，媒体流量从必需品变成了奢侈品，获客成本持续攀高。

随着现在社交渠道越来越多元化，企业逐渐探索出一种可实现长期低成本增长的营销方式，即突破公域流量的束缚，通过社会化的手段建立自己的流量池，也就是私域流量，借助社交通道进行裂变。微信等社交产品的崛起带给企业的最大价值就在于能够打通和绑定用户关系链，企业通过持续的输出内容来刺激用户转为"粉丝"，再主动将品牌或产品信息传播出去。同时，伴随着企业内部数据和用户标签的营销科技的进一步成熟运用，精细化运营正在挑战外部广告公司的广告技术，营销科技成为未来的应用趋势。

我很荣幸能够在社会化营销最初萌芽的阶段，带着瑞幸咖啡搭上了这趟顺风车，用社交推广咖啡，用咖啡带动社交。相比于传统广告的品牌曝光、公关事件等手段，我很清楚咖啡作为一种社交饮品，通过裂变把原本付给媒体用于获取新客的支出变成老客的福利，用存量找增量，实现品效合一，才是最核心且行之有效的推广手段。瑞幸咖啡最初的市场开拓也正是运用这一营销方法论实现了低成本获客，以及用户运营和再挖掘。未来，基于私域流量的社会化营销也将一直是瑞幸咖啡的增长重心所在。

这几年我也看过不少专门讲社会化营销的图书，它们更多是站在宏观的媒体视角或是广告人视角解读社会化营销的概念，以及与传统营销模式的差异；而本书是将社会化营销与私域流量相结合，真正站在业务经营的角度，用数据来解读社会化营销的商业价值。神策数据一如既往地发挥了自身在数据分析和营销科技领域的专业度，从具有典型代表性的不同社交媒体入手，站在数据分析的角度，结合营销方法论和实际案例，细致描绘了国内社会化营销的现状，值得企业经营者和营销部门深入学习，这将有助于他们更好地理解这一时下热门的营销方式并加以应用，探索自身增长的新路径。

瑞幸咖啡CGO 杨飞

2015 年，我离开奥美（集团）有限公司，加入真格基金开启我的第二份职业，也正是这个时候，我开始真正接触国内当时在"大众创业万众创新"环境下成长起来的一批企业，神策数据也是我那时接触的初创企业之一。2015 年，大数据就像是正在寻求飞速增长的中国经济遇到的一剂良药，神策数据的 4 位创始人带着在百度积累的技术经验，怀着满腔的创业热情希望用神策分析这样一款易用实用的软件帮助中国企业实现数字化经营。

时隔 8 年，神策数据已经在数据分析领域成长为领先企业，陆续出版了多本图书。神策数据不仅仅是一家数据分析的软件企业，4 位创始人的思想与认知正随着客户的需求和行业的痛点不断发生变化。沿着最初的"数据驱动商业价值"这一思路，神策数据也提出基于数据的全域用户分析与营销闭环的理念，让数据辅助营销，实现数字化经营。本书正是神策数据经营理念和产品不断迭代升级的认知体现。

奥美一直以来提倡以无界创意影响人们及世界为前提，并通过人才与专长的交融实现创新与运营，进而提供整合的社会化解决方案协助客户取得增长。未来的营销一定是跨界和融合的，私域环境下的社会化营销会给企业带来很多商机。聆听消费者的声音，通过聆听获取消费者信息，去指导社会化营销，根据数据进行一对一深入沟通，把潜在顾客转化成直接顾客，对老顾客进行深度维护，本书对此也都做了具体的阐述。

书中还详细列举了私域流量下中国社会化营销的每一个关键的媒体触点，对于它们是如何逐步发展演变的，以及各自的营销路径也有非常详细的价值解读和方法论梳理。作为数据领域精耕多年的团队，神策数据的神策研究院团队通过本书从专业的角度深度勾勒了大数据发展至今中国社会化营销的变迁。希望更多的企业和营销从业者能够通过本书掌握数字时代的私域营销理念和社会化营销方法，在数字化转型的大环境中抢占先机。

**奥美中国北亚地区首席交付官　纪维佳**

人之所以为人，是因为人是这个世界、这个社会最活跃的因子，不是算法的工具，不能被视为DAU（Daily Active User，日活跃用户数）的分子。

为什么短视频会在这么短的时间里成为第一大流量赛道，甚至其他赛道如电商，也要把短视频作为标配和流量入口？就是因为它是内容平台。而内容始终是以人的思想和情绪为导向的，思想和情绪是没有办法工业化批量产生的，人的主体性就此突现。

沿着短视频，中国绝大多数人正踏上数字生活的快车道。这是一个巨大的变化，无论对个体，还是对企业。

如今，全网的公域流量趋于饱和，传统的社交营销模式成本越来越高，转化率趋于下降。无论头部企业还是初创企业都需要进行选择，不能再单纯靠投钱争抢公域流量，而是需要搭建私域体系，建立自己的私域流量池和转化链路。

这代表着社交营销时代的一个全新趋势，即人的回归。移动互联网上，人不再是数据和流量，而是一个个活生生的个体，你需要跟他们对话、了解他们的需求、感受他们的情绪、解决他们的问题，从而赢得信任和口碑。

如果说公域流量是爆款逻辑、广告逻辑，更多从货的属性去思考问题；那么，私域流量就是人的逻辑，更多从用户需求、客户关系角度思考问题。

当下，私域营销的实践很多，有的基于微信生态，有的基于快手等短视频生态，有的基于社交媒体生态，应该说是百花齐放，但几乎所有成功案例都是围绕"人"去设计触点、链路、交互和体验，从而达到用户生命周期内的重复购买和裂变推荐。包括快手在内的各家平台也在依据自己的生态特质，为企业和商家提供私域解决方案，这加速了平台自身的迭代和进化。

如今，短视频表达已经成为契合时代语境的主流沟通方式，它改变了人际沟通和内容连接形式，推动了企业与消费者的沟通场景转换，成为私域时代社会化营销的崭新入口与潜力富矿。

私域是快手起家的优势。2021年以来，通过推出开放生态平台，以及服务号、小程序、粉丝管理等产品和工具，快手打通了公私域运营的全链条，帮助创作者和经营者沉淀用户资产，打造数字市井生态。

我们相信，私域时代的社会化营销潜力巨大。对平台来说，能不能围绕人设计产品、搭建生态、提供服务，能不能与人建立信任关系和社交黏性，决定着社会化营销在私域时代能够走多远。

**快手科技副总裁　岳富涛**

中国是人情社会，做生意之前喜欢先做朋友，以前我们维护关系需要东奔西跑、线下交流，有了互联网后，我们维护关系的手段变得更丰富、更数字化，而这种用数字化手段形成的朋友圈，就叫私域。

在中国，发展私域天然具备优良的土壤。在这样的土壤下，我们"长"出了很多私域小圈子，微信、微博、知乎、小红书，等等。现在大家更习惯叫它们为营销渠道，我们就是在这样的渠道内去处理各种人情世故，以便达到营销效果。

有时候我会把这种社会化营销看成一场大型的人情世故数字化实验，大家都是营销科学家，都在用先进的手段（数字化营销）解决古老的问题（成交），这种比喻虽然浪漫，但执行起来依然需要埋头于泥土。

神策数据的神策研究院团队打造的这本书，目的就是帮助营销人员从执行的泥土中解脱出来，系统性地掌握各种私域营销渠道（微信、微博、知乎、小红书等）中的营销方法，做出成绩。

读完这本书，愿你我都能成为营销科学家，游刃有余地处理各种增长难题，虽脚踏泥土，亦可伸手摘星。

To B CGO 创始人　朱强

# 前言 | INTRODUCTION

2021年，凯度针对消费者的媒体接触习惯和态度综合研究，发布了《2021年中国城市居民广告关注度研究》报告，从该报告可以看出，对比国外，中国的媒体环境更加特殊，中国特色的社交媒体在获取消费者有效注意力方面的价值越来越突出，"双微一抖"、小红书、快手，以及一些职业社交平台也都正在助力品牌营销，成为未来传播的最有效路径。

正是社交平台的崛起，让企业开始逐渐有了自己的私域数据。"留量比流量更重要"，品牌开始思考在流量红利逐渐消失的大环境下，如何通过私域留住用户。这也催生了用户精细化运营。为了更加了解用户，挖掘更多需求，在商家与用户之间构筑长期价值，品牌开始借助数据分析，完善用户画像。一场直播的结束，并不意味着品牌推广活动的完结，直播间产生的各种数据信息都可以用来指引品牌之后的运营动作。

本书站在私域流量的视角，解读社会化营销的价值和方法。基于大数据的营销科技已然发展到相对成熟的阶段，书中不但对每一类热门的社会化营销策略进行了详细介绍，同时列举了如品牌零售、教育、企业服务等不同行业利用社会化营销进行推广的成功案例。对于希望借助社交媒体及数字化服务辅助营销决策的企业来讲，本书是一本不可多得的专业指导图书，值得每一位营销从业者细细品读，从中寻找和借鉴适合自身的私域流量下的社会化传播途径。

**神策研究院**

目录 | CONTENTS

# 1.

社会化营销的兴起

# 1.1 社会化营销的基本概念

社会化营销又被称为社交媒体营销，最初由英文 Social Media Marketing 翻译而来，字面含义就是在社交媒体上的营销行动。尽管其概念并不难理解，但为清晰界定相关营销行动所适用的具体方法和应用场景，笔者在参考多方研究的基础上，将本书中的社会化营销的内涵做如下解读，即

运用社交媒体或社交网络来达成商业目标的市场营销行动。[1]

社交媒体本身是一种在线环境。"社交"意味着信息可以基于用户之间的社会交际关系完成传播，而"媒体"则是以存储信息和传播信息为特征的环境。在社交媒体上，营销内容可以被感知、认同、再创造、消费和分享，且上述行为通常出自人们社会性的目的。

下面对社交媒体（Social Media）和社交网络（Social Networking）进行简要辨析。在一般表述中，社交媒体更多地强调媒体的介质属性，而社交网络多表现用户交流的环境。从概念上看，社交媒体的概念范围更大。这是由于社交媒体通常拥有社交网络的相关功能，可将信息和内容分发给需要互动的用户，或者允许用户直接进行沟通或查看。因此，如无特殊说明，笔者在本书中将社交媒体作为社交媒体和社交网络的统称，不做刻意区分。

在我们普遍的认知中，市场营销是为客户、合作伙伴及社会创造、沟通、传递与交换价值的一整套活动、组织和流程。[2]作为商业行动，目标的达成对市场营销尤为重要，而社会化营销具备以下 4 个能帮助营销人员高效达成商业目标的特征。

（1）范围广：受众规模大且持续增长。

2020 年，全球社交媒体活跃用户数约为 41.4 亿人，中国的社交媒体用户数接近 9.3 亿人。随着互联网渗透率、企业业务线上化率和社交媒体渗透率的持续提升，中国的社交媒体用户规模拥有了可观的增长空间。

更重要的是，中国用户在数字媒体上花费的时间几乎是传统媒体的 2 倍，而社交媒体占据了其中超过 1/3 的时间，且这一数值还在上涨。用户注意力转移引发的对传统媒体的替代效应将使

---

1　参考 Gartner 等机构的定义。

2　参考美国市场营销协会（American Marketing Association，AMA）的定义。

社交媒体成为营销行动中需要优先考虑投入的方向。

（2）投入低：可利用社交网络以相对较低的投入实现病毒式传播。

"病毒营销"（又称病毒式营销、基因营销等）的概念于20世纪90年代提出，主张用户之间的信息传播是直接的、个人的、可信的且有意义的，而社交媒体的实时性和强关系连接有助于病毒营销。相较于传统的、由企业发起并推进的营销行动，社会化营销可基于用户与企业、用户与用户之间的关系，激发用户兴趣、表达个人主张或能取得一定收益的内容，发挥用户本身作为信息媒介的价值，让更多的用户参与营销行动，形成病毒式的传播。例如，许多入驻微博的企业都会根据社会热点发布能引起用户共鸣与兴趣的内容，而用户会自行转发，帮助企业增加曝光、传递价值，并在一定时间内处于与企业及其他用户互动的状态。

由于多数病毒式传播来自用户的自发行为，且无须在内容生产上有过多投入，较广告等手段，社会化营销的成本更低。

（3）定位准：与数据紧密联系，让营销行动更为精准。

除综合性的社交媒体外，还有诸多专注于细分领域的垂直社交媒体，如专注于商务和职业关系拓展的领英。不同细分领域的社交媒体为营销人员提供了选择传播渠道的依据。垂直特征越明显，用户的需求共性就越强，目标客群就越集中，营销的效果自然就越好。

同时，由于社交媒体平台本身会形成和积累大量的数据，它们往往拥有坚实的数据基础和强大的数据治理能力。例如，开源数据仓库架构HIVE便诞生于Facebook。

（4）多元化：适用多种营销内容展现形式及触达手段。

作为典型的数字渠道，社交媒体在富媒体（Rich Media）内容的呈现和交互上具有传统媒体不具备的技术优势。例如，直播是多数社交媒体平台均具备的功能，结合主播的实时讲解、弹幕内容、增强现实（Augmented Reality，AR）技术和社群运营，其已成为众多快消品牌青睐的促销或"带货"模式。

另外，触达行动也不只局限在单一社交媒体上，还能形成各类型触点的协同。对企业而言，在用户授权后企业可对用户进行标识，如IDFA[1]与其他渠道数据或用户端数据打通后，营销人员即可有效地识别用户，并针对用户特点设计覆盖多个线上触点的用户旅程，实现全域触达。例如，部分垂直电商平台在识别用户后，会将移动端应用程序（App）提醒与Deeplink[2]技术结合，

---

1　IDFA是苹果公司用于追踪用户的广告识别符（Identifier For Advertising）的英文简称。为了保护用户隐私，自2021年起，苹果用户更新系统为iOS 14后，IDFA政策也做出了更改。
2　Deeplink即深度链接，可帮助用户在点击链接后，直接跳转到目标App的具体位置。该技术是实现不同App间相互跳转的主要技术。

以触发用户对微信小程序特定页面的访问，增强与用户的联系。

以上4个基本特征是社会化营销的重要性持续提升的重要因素。杜克大学与德勤（Deloitte Touche Tohmatsu Limited，德勤会计师事务所）联合推出的2020年首席营销官（Chief Marketing Officer，CMO）调查（Survey）显示，所有受访的B2C（Business to Consumer/Customer，企业对消费者/用户）企业均设立了社交媒体营销的专项资金。德勤的连续调查结果显示，各类企业2020年在社交媒体营销上的平均投入已占其整体营销预算的13%以上，大约是2009年的4倍。此外，社交媒体营销方面的投入将在未来5年内增加约62%。[1] 图1-1所示为2009—2020年社会化营销的投入占比持续增加情况。

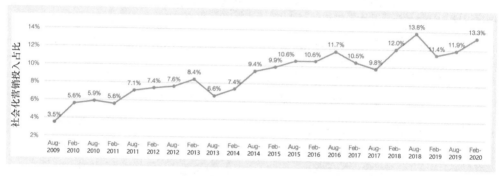

图1-1  社会化营销的投入占比持续增加情况

接下来将介绍社会化营销是如何从新颖的舶来词，逐步成为人们生活中随处可见的营销行动的。

# 1.2  社会化营销的出现

## 1.2.1  营销方式变革的基本逻辑

早在17世纪，笛卡儿就提出"Cogito, ergo sum"（我思故我在）的金句，彼时，文艺复兴背景下的欧洲民众正通过持续独立思考来认知并审视真实的自我；300年后，法国哲学巨匠鲍

---

1  引自历年CMO Survey的数据。CMO Survey最初由杜克大学教授克里斯蒂娜·穆尔曼发起，现已成为一家第三方研究机构。自2009年起，克里斯蒂娜·穆尔曼持续发布年度调查报告，主要合作方包括杜克大学、美国市场营销协会和德勤。

德里亚抛出"I consume, therefore I am"（我消费，故我在）的妙言，此时，世界范围内的民众已经开始通过消费来显示自身的独特价值。

一个人的消费，即另一个人的收入，收入又形成用于生产的资本。在资本不断积累的过程中，越来越多的商品和服务被赋予了价值，所谓消费社会也就被创造出来。在消费过程中，正是营销联结起商品生产或服务提供与需求满足。

营销方式的变革是对消费环境变革做出的主动响应。从宏观视角看，消费环境的变革源自技术进步，以及技术进步带来的生产力提升。除技术外，消费环境也受到政策、经济和社会3类因素的叠加影响，基本符合常用的 PEST 模型[1] 的 4 个维度。从微观视角看，营销渠道、信息和时空三者的变化组合影响营销行动唤醒、匹配及满足特定消费环境下需求的效果。

笔者认为，社会化营销的兴起主要受到消费环境数字化的推动。无论是笛卡儿所处的 17 世纪，或是鲍德里亚活跃的 20 世纪，还是我们所处的 21 世纪，消费环境变革的根本原因都是技术进步，以及技术进步带来的生产力进步，营销渠道、信息和时空的组合效果同样与生产力进步联系紧密。这也是越接近现代，营销扮演的角色就越重要的原因。

## 🔲 1.2.2　数字化的消费环境是社会化营销兴起的先行条件

高度数字化的消费环境促进了社会化营销的迅速发展。20 世纪 20 年代，汽车、电影和无线电等产业的飞速发展造就了资本主义世界，特别是美国的空前繁荣，这一时期也被称为"咆哮的 20 年代"（Roaring 20's）。而在过去 40 年里，信息和通信技术（Information and Communication Technology，ICT）产业以超乎预期的速度成长，数字经济（Digital Economy）的"咆哮声"与"咆哮的 20 年代"相比有过之而无不及。

由于资本市场对某一产业价值变动的反应最为灵敏，因此这里选择标准普尔 500 指数（S&P 500 Index）成分股在过去 50 年的变化情况作为观点佐证。IT 企业从 20 世纪 80 年代开始呈爆发式增长，特别是在 1995 年前后增速最快，如图 1-2 所示。同期，玛丽·米克尔等分析师对 IT 产业前景的准确判断不仅令他们名声大噪，而且加深了资本方对 IT 产业的重视程度。到 2020 年，IT 企业在该指数中的占比有明显的增长，与占比最高的工业企业持平。

---

1　市场环境分析的基础模型，一般从政治（Political）、经济（Economic）、社会（Social）和技术（Technological）4 个维度分析市场或行业的宏观外部环境。

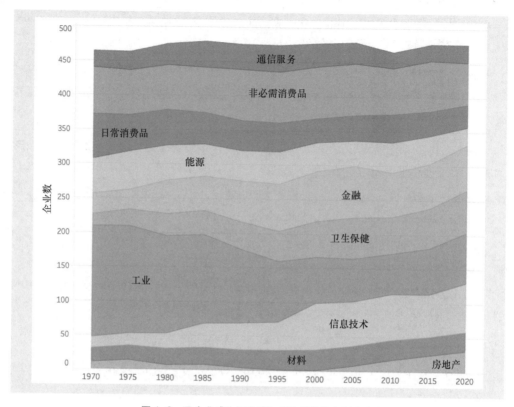

图 1-2　IT 企业成为标准普尔 500 指数的主要成分

　　数字经济不只是 ICT 产值的单纯叠加，还包括信息技术应用于其他行业创造的产值。正是因为数字经济的复杂性，联合国于 2019 年发布的《2019 年数字经济报告》中，按照狭义和广义两种定义方式对数字经济产值进行了统计。数字经济产值的狭义定义是指 ICT 基础设施及生产部门和数字化平台服务 3 个方面的产值，广义定义是指应用数字技术进行各类经济活动产生的价值。值得一提的是，中国的狭义数字经济产值已占国内生产总值（Gross Domestic Product，GDP）的 6%，广义数字经济产值占 GDP 的 30%，如图 1-3 所示。

　　以数字经济规模相对较大的中国为例：中国互联网络信息中心（China Internet Network Information Center，CNNIC）数据显示，到 2020 年 12 月，中国网民规模已达到 9.89 亿人，其中，超过 99% 的网民是即时通信工具的用户，有 88% 以上的网民是短视频平台用户，广义社交媒体几乎实现了对所有网民的覆盖。最重要的是，网络购物彻底融入了人们的日常生活：同期，中国网络购物用户规模已达 7.82 亿人，约占网民总数的 79%，网上零售额占社会消费品零售总额的 25%。

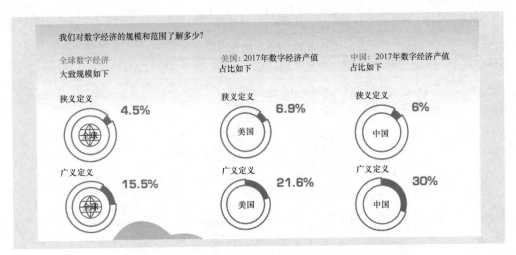

图 1-3　全球、美国与中国数字经济产值占 GDP 的比重

网络购物极大地缩短了消费者的购买路径。从"人（消费者）、货（商品）、场（消费环境）"的视角看，消费者在网络媒体中接收与他们需求匹配或引起他们兴趣的商品信息或营销内容后，即可快速置身于相应的消费环境中，而社交媒体作为消费者最重要的信息接收渠道之一，被赋予的营销价值越发重要。再以中国为例，2013—2020 年，中国社交媒体广告营收增速持续高于全球整体水平（见图 1-4），这与中国数字经济的发展趋势保持一致。

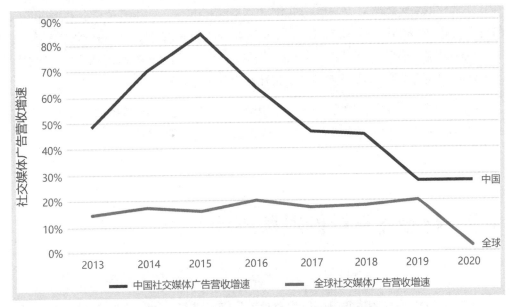

图 1-4　中国与全球社交媒体广告营收增速变化情况

从本质上看，ICT 的进步主要在于通过重塑信息传播模型来重塑消费环境。在基础传播模型（见图 1-5）中，传播渠道是发送者（Sender）体验与接收者（Receiver）体验之间的关键连接区域。作为信息的载体与通路，传播渠道的质量与信息的编码效果、解码效果、预防失真的效果均高度相关。因此，只有能帮助发送者准确传递信息，并帮助接收者消除信息不对称的传播渠道才能同时得到发送者和接收者的长期关注。

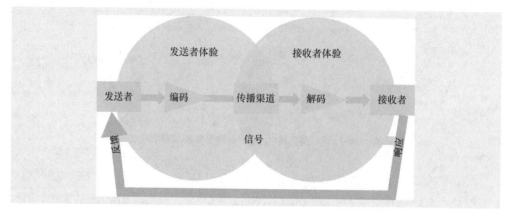

图 1-5　基础传播模型

传播渠道可进一步分为非个人渠道（Nonpersonal Channel）与个人渠道（Personal Channel）两大类别。在数字化对经济形态的影响相对有限的年代，非个人渠道主要包括电视、广播和刊物等传统大众媒体，该渠道点对面地大范围扩散信息；个人渠道包括邮件、电话和传真等线性的信息传播渠道，该渠道点对点完成直接沟通。而 ICT 的发展改变了这两类信息传播渠道之间的割裂状态。利用互联网上的数字媒体，消费者与营销人员可以直接进行信息交换和共享，将点对点、点对面两类传播路径结合起来，提升了信息传播的效率。

作为数字媒体最重要的子类别之一，社交媒体实际上是建立在人与人的互动之上的，可以实现上述两类信息传播渠道的最优效果，也因此受到了大众与企业的青睐。

# 1.3　社会化营销的发展历程

由于社交媒体是社会化营销的载体，因此社交媒体的演进能清晰地反映社会化营销的发展历程。接下来，笔者将通过回顾部分典型社交媒体的发展历程，简要梳理社会化营销发展的 4 个阶段，并概括这 4 个阶段对社会化营销的影响。

（1）1996—2003 年：基础模式得以形成，内容营销成为社会化营销的基本手段。

1996 年，即时通信工具 ICQ 一经问世便风靡全球。一年后，美国在线（American Online，AOL）推出了功能类似的 AOL Instant Messenger（AIM），该应用允许用户互相识别在线状态，发送个人资料。而后，早期出现的这些即时通信工具开始初次整合，并被越来越多的用户接受。1999 年，中国出现了本土化的即时通信应用 OICQ，即腾讯 QQ 的前身。可以说，在 21 世纪以前，即时通信工具就已作为主要的社交媒体开始流行。但是，该类应用在诞生早期基本上是以点对点方式进行信息传播，虽然拥有一定的群组会话能力，但尚未具备将信息传播到更大社交范围的功能。

1997 年，社交网络"六度"（Six Degrees）诞生了。"六度"的灵感来自六度空间理论（术语为"小世界现象"），是指生活在这个世界上的每个人只要通过 6 个中间人，就能与全世界任何一个人建立联系。正如其名，在"六度"上，用户可以邀请其他人一起加入并成为"六度"的用户，用户将联系人按照一定的级别进行排列，从而使这个社交网络上的每个人都能看到他们是如何通过"六度"与其他人建立联系的。用户之间除了发送消息外，还可使用公告栏，对一定范围内的用户传播信息。

"六度"引发了社交网络在全球范围内的流行，并成为人们互联网生活的重要组成部分。之后在很长一段时间内风靡全球的 Friendster 和 MySpace 也是在此基础上诞生的。以 2003 年诞生的 MySpace 为例，该社交网络的基本功能包括自我介绍、博客和支持多媒体内容实现个性化的编辑。同时，在朋友空间（Friend Space）这一功能中，其他人可以查看用户的朋友信息，并在朋友空间内留下评论。直至 2008 年，MySpace 仍是当时全球最大的社交网络之一。

同期，社交网络开始支持点对点的沟通，而即时通信应用也纷纷开始新增社交网络功能。这种点对点的沟通模式也影响了 QQ 空间等功能的发展。中国市场上，腾讯 QQ 于 2005 年上线 QQ 空间后，成为集即时通信和社交网络于一身的社交媒体。时至今日，主流的社交网络和即时通信工具依然在功能上有着紧密联系。

差异化定位的社交网络开始陆续出现。2003 年正式问世的领英主打面向职场的社交网络，来帮助雇主与用户之间、用户与用户之间建立联系。这种模式让领英成为职场人才聚集的平台，并在后续的发展中，成功实现了自身在商业对商业（Business to Business，B2B）领域的商业价值。

早期的社交媒体基本形成了以下 3 个特征：其一，用户可以自由创作和发布内容；其二，用户既可以通过点对点的方式传播信息，也可以通过点对面的方式完成信息扩散；其三，用户可以通过某种方式结识新的社交对象。因此，各类社交媒体的萌芽和用户的广泛接受让营销人员看到了巨大的机会，他们利用品牌与用户之间和用户与用户之间可以扩散信息的特点，将内容营销作为社会化营销的基本手段并延续至今。而借助社交媒体的广播能力，以横幅广告为代表的展示类广告也得到了广泛应用。

（2）2004—2009 年：社交媒体迎来迅速发展，社会化营销注重互动和参与。

2004 年，Facebook 诞生，这是面向高校学生的，类似 Friendster 和 MySpace 的社交网络形式。Facebook 当时的主要用户群体为 Y 世代（1981—1995 年出生），他们对社交媒体的兴趣让 Facebook 迅速积累了可观的用户数。而真正令 Facebook 在众多社交网络中脱颖而出的差异化的功能是其新消息推送（News Feed）模块。该模块将用户主页的静态信息变为持续更新的事件，并支持用户围绕这些事件进行互动。这种模式在各类社交网络中迅速推广开来，用户（特别是那些热衷于在网络上表达自己想法的年轻人）也开始实时发布自己的动态，从而极大地丰富了社交媒体的多样性。

在 Facebook 逐渐超越 MySpace 之后，Facebook 也基本奠定了自身在传统社交网络中的地位。在中国，与 Facebook 模式类似的人人网也曾风靡一时，但随着中国社交媒体环境的变化，目前，人人网这种类型的社交媒体已难以吸引更多年轻用户的注意力。

实时的广播与互动成为社交媒体的一种趋势，而 2006 年创立的 Twitter 无疑是最重要的推动者之一。不同于以高校学生群体为目标用户群体的 Facebook，Twitter 从创立伊始便给予用户一种自媒体的身份。在 Twitter，用户可以关注自己感兴趣的人或话题，并在自己的主页、关注者发布的内容和感兴趣的话题下发表自己的看法，而用户本身也可以被其他人关注。简单易用的功能设计、名人的入驻和各类紧跟时事的话题让 Twitter 迅速抢占了市场，同时也形成了微博（MicroBlog）这种全新的社交媒体形式。特别是 Twitter 的话题标签（Tag）功能，为用户讨论、发布想法和搜索话题提供了极大的便利。Twitter 并未要求用户实名注册，这为用户提供了更多的隐私保护。

在 Twitter 迅速成为主流社交媒体的影响下，2007 年开始，诸多门户网站和互联网企业纷纷建立自己的微博平台，中国市场上曾一度有超过 20 家同质化严重的微博共存。之后，新浪微博凭借自身的深厚积累、积极引入的名人和本身作为门户网站的资讯属性，逐渐从竞争中脱颖而出，并获得了其他互联网企业在战略上的支持，成为中国微博类社交媒体的典型代表。

在这一阶段，社交媒体用户之间更加积极的互动令营销人员意识到，在入驻社交媒体后，精彩的内容打造仅仅是社会化营销的基础。除了准确把控用户的活跃时间和他们感兴趣的内容外，要想利用社交媒体实现显著的营销效果，就必须重视与用户的互动，让用户自发地基于他们与品牌的关系和对内容的兴趣，来曝光和传播信息。越来越多的营销人员开始探索在社交媒体上加强与用户互动和提升用户参与度的方法，开始专门运营品牌官方的社交媒体账号，并衍生出了粉丝运营等手段。

此外，一些社交媒体上的自媒体和关键意见领袖（Key Opinion Leader，KOL）拥有众多关注者，各类企业的营销人员开始寻找与自身产品或品牌更为契合的 KOL，利用 KOL 对用户的影响力来发布营销内容，以达成营销目标。后来，这种模式也丰富了影响者营销（Influencer Marketing）的内涵，并促进了该领域的发展。

更重要的是，以 Facebook 为代表的社交媒体平台在推动社会化营销上起到了非常积极的作用。2007 年，Facebook 推出了首个自助广告平台和品牌专属页面，同年，Facebook 的收入便达到 1.5 亿美元。其他社交媒体也纷纷效仿，着手搭建自身的广告或营销平台为企业提供服务，并开始对用户数据进行分析，以优化广告效果，因此，数据的价值开始显现。同时，在社交媒体的"流量生意"已形成的基础上，各平台制定了完善的付费推广规则。除广告外，企业可通过采买社交媒体的其他资源，获得在各平台上发送邮件、站内信和内容推荐的机会。

（3）2010—2016 年：移动社交媒体时代到来，数据越发不可或缺。

随着 ICT 的持续进步，无论是通信、上网还是信息处理，移动设备都具备了与 PC 端相同，甚至超越 PC 端的功能。特别是，移动设备的摄影和摄像功能应用更为广泛，为用户的自我表达和事件记录提供了极大便利和更丰富的内容形式。用户使用社交媒体的时间分配重心也自然地从 PC 端转向了移动端。

2010 年，Instagram 在海外正式上线，该应用将图片作为内容的主要呈现形式，利用智能手机的摄影优势主攻移动端用户，率先登陆苹果应用市场。Instagram 始终保持自身功能的简洁属性，延续了社交媒体的"关注""标签"等模式，同样吸引了许多名人入驻。Instagram 以图片为主的社交模式，不仅没有削弱用户之间的互动和用户的兴趣，反而在上线首周就获得了 10 万名用户。值得一提的是，2010 年前后，正是诸多图片社交媒体争相推出的时候。其中 Pinterest 和 Snapchat 的陆续推出将该类社交媒体的热度推向高潮。

同在 2010 年，在线问答社区 Quora 在经过一年的筹备后正式上线。不同于 Yahoo! Answers 等早期的在线问答社区，Quora 有更为明确的问题类型划分，同时用户能开设自己的专栏。因此，许多涉猎广泛，或在某些领域有深厚知识储备的用户在 Quora 上迅速崭露头角。同时，Quora 还将决定回答质量的权利交给了所有关注某一类问题的用户，并允许用户对自己的内容进行编辑。Quora 于 2011 年推出了移动端 App，这也帮助该平台积累了大量年轻用户。

随着自身模式被用户广泛接受，2017 年，Quora 的用户总量正式超过 Yahoo! Answers。在中国，同类社交媒体的代表有知乎、果壳等。其中，知乎凭借更为专业认真的态度、开放的环境和对热点话题的关注，已成为目前国内主流的在线问答社区。

2011 年，微信正式推出。此时微信背后的腾讯已成为中国的互联网巨头之一，但这一背景丝毫没有掩盖微信的光环。这款主打移动端即时通信的社交媒体，最初只是腾讯其他产品的通知工具。由于腾讯其他产品所带来的用户、自身始终保持的友好设计，以及逐步上线的社交网络功能，微信用户数量在短期内迎来了快速攀升。特别是语音消息功能的推出，让微信这一产品完全发挥了智能移动设备的功能优势。伴随持续的版本迭代、功能升级和用户积累，微信已连续 5 年成为中国用户数量最多的即时通信类社交媒体。由于微信生态在中国社交媒体领域占据重要地位，后续章节将着重介绍相关内容。

移动设备的快速普及、内容 / 形式的多样化和社交媒体使用时长的增加为这一阶段的社会化营销带来更大的想象空间的同时，也带来了更高的复杂性。膨胀的信息量、碎片化的信息和更多的传播渠道令营销人员无法再根据以往的经验和案头分析来判断用户当前的需求，也不能准确地判断用户可能出现的需求，要为用户创造需求就变得更加困难了。

但是，用户在社交媒体上的行为是有迹可循的。例如，用户的每一次停留、点击、访问时长和各类交互行为均对应着代码的编排和程序的运行，他们搜索、观看和分享的内容也有着对应的编码。用户的行为能够反映出他们本身的兴趣与消费情况，结合用户本身的人口统计学信息，如性别、年龄和地区等信息，营销人员可借助数据技术对用户进行分类，并构建完整的用户画像，从而提升营销的精准性并深度掌握用户需求。同时，社交媒体海量的用户数据既可以生成程序化广告投放时所需的定向人群包，也是社交媒体平台深入挖掘用户价值的基础，这些场景已在如今的社会化营销中有着广泛的应用。

整体上看，社会化营销与数字营销有了深度的结合，数据在营销过程中越发不可或缺，各类衡量营销效果的监测和分析工具在此阶段应运而生并受到关注，社会化营销也更为体系化。

（4）2017 年至今：富媒体内容占据主导，社交媒体的私域生态逐步形成。

在笔者看来，用户在上一阶段中养成的在移动端浏览富媒体内容的习惯，无疑成为本阶段社会化营销发展最重要的需求端驱动因素之一。在本阶段，中国逐渐从社交媒体的后发者成为全球范围内社交媒体的创新者和社会化营销的前沿阵地，智能推荐算法的进步极大地推动了以富媒体内容为主的社交媒体的迅速发展。

2016 年和 2017 年分别被称为中国的直播元年与短视频元年。在直播方面，游戏直播平台斗鱼、早期以歌舞娱乐直播立足的 YY 和后续独立运营并专注游戏领域直播的虎牙等平台虽然均不是在 2016 年成立的，但它们凭借先前的大量用户积累，对直播模式的推广起到了非常积极的作用，也令中国的直播平台在 2016 年迎来真正的发展。国外类似的平台如 Twitch 和新增了直播内容的 Youtube，尽管用户规模相对较大，但在互动能力和社交属性上远不及本土平台。中国视频网站"弹幕"的存在有效强化了直播的互动能力，一些典型视频网站，如 bilibili，还凭借丰富的用户生产内容（User Generated Content，UGC）在年轻群体中大受欢迎。这些以直播内容立足，或涉足直播领域的平台不断增强自身的社交属性，而直播的模式逐步在各类应用中出现，部分本土的陌生人社交软件，如陌陌，也将业务重心调整至直播领域。2016 年，直播领域竞争激烈，而伴随热度的消退和资本投入趋于理智，该领域已完成初步整合。

在短视频方面，2016 年和 2017 年，字节跳动旗下新上线的抖音、由头条视频更名而来的西瓜视频、火山小视频（后更名为抖音火山版），以及已凭借短视频内容站稳脚跟的快手和微博旗下的秒拍等平台迅速发展。随着一批早期短视频 KOL 的出现和多样化、快速更新的内容，全民掀起了参与短视频的热潮，各类平台的人均单日启动次数超过 6 次，人均单日使用时长也在30 分钟以上。[1] 知名艺术家安迪·沃霍尔曾说，"每个人都可能在 15 分钟内出名"，但短视频平台将这种可能性缩短到了 1 分钟甚至更短。各类短视频平台还结合了直播功能，并积极承接其他平台的 KOL 入驻。

由于短视频影响力的提升，诸多机构开始围绕短视频形成完整的内容生产与内容传播体系，在这一产业链中，诸多多频道网络（Multi-Channel Network，MCN）将专业生产内容（Professional Generated Content，PGC）与各平台连接起来，整合资源帮助企业完成基于短视频平台的社会化营销。这种模式源于媒体业务运行中的策采编发机制，即媒体内容从生产到发布，要经过策划阶段的舆情分析和策划选题、采集阶段的热点内容采集、编辑阶段的内容产出和形式编辑，以及发布阶段的内容审核、渠道管理和效果反馈。举例而言：涉足抖音平台社会化营销的机构会采集平台上时下受欢迎的主题，将其与企业希望传递的产品信息融合，而后根据价值点完成内容创作；内容通过审核后，根据既定的目标受众内容被发布在该机构旗下，或与该机构建立合作的 KOL/ 关键意见消费者（Key Opinion Consumer，KOC）账号上，甚至会被发布到其他平台；最后机构收集该内容在各平台的效果数据，完成向企业的反馈。

除了常规的视频内容外，许多社交媒体开始另辟蹊径，以差异化的内容承载形式和信息传播形式入局并迅速发展，例如主打声音社交的 Soul、结合 AR 和 3D 场景的 IMVU 和采用圆桌讨论形式的 Clubhouse。

当然，从社会化营销的视角看，富媒体社交平台对社会化营销最大的改变是各平台私域生态

1　CNNIC：《第 47 次中国互联网络发展状况统计报告》。

的形成。简单举例，各类平台利用视频内容的感染力、主播的互动能力，以及提供给用户的可快速做出消费决策的环境，迅速搭建了自有电商或相关"带货"体系，例如快手的"老铁经济"和抖音的"网红经济"。仅以快手 2020 年的数据为例，其平台上促成的电商交易总额由 2019 年的 596 亿元增至 3812 亿元，平均重复购买率达到 65%。[1]

事实上，社交电商的模式早已让诸多平台看到了形成自身差异化定位的方向，特别是以小红书为代表的内容社区，早在上线伊始就持续打造丰富的、与海外消费相关的 UGC，为用户，特别是女性用户推送她们感兴趣的内容，以促进消费决策，内容社区也成了社交电商模式重要的上游构成。

商家如果要融入各平台的私域生态，并建立自己的私域流量池，就需要遵循平台设置的规则来完成社会化营销，这些规则也成了所谓生态有效运行的条件。之所以将这种生态称为私域，是因为参与生态的商家可以与从其他渠道或媒体获取的用户建立联系，持续、反复地触达自己的目标市场和用户，将用户变为一种私有的状态，进而可根据更加自主的营销策略，对用户形成有效管理。第 2 章将详细论述私域生态在中国的价值。

至此，我们完成了对社交媒体发展阶段的简要分析。在社交媒体诞生时，营销人员在各类社交网络和即时通信工具中主要依靠内容营销和广告达成商业目的；随着社交媒体的迅速发展，营销人员开始关注品牌与用户之间的关系，借助社群的形式完成互动，并通过有影响力的自媒体或 KOL 宣传自己的价值与产品；在移动社交媒体时代到来后，营销人员借助海量的数据有助于提升自身的营销效果优化能力和通过数据分析满足用户需求的能力，数字营销与社会化营销开始结合并发挥优势，同时加强了用户对富媒体内容的依赖性；在接下来的以富媒体内容为主的阶段，各类平台随着规则的成熟和用户数量的增长，逐渐形成了各具特色的私域生态，由于品牌重视与用户的互动和关系的建立，私域生态得以发挥更大的价值，成为当前社会化营销的时代背景。

后续章节将对微信、微博、职场社交平台、内容社区、知识问答平台和短视频平台这六大类别社交媒体的社会化营销方法论进行阐述。

---

1　快手：2020 年度报告。

# 2.

# 社会化营销的私域时代

前文已提及了私域这一概念。简单来说，私域是品牌方拥有较多控制权的传播渠道集合，品牌方与用户通过互动加深关系时，在时间、频次和触点的选择上都更为自由；而公域是品牌方控制权相对有限的传播渠道，品牌方与用户进行深度交流相对困难。显然，这两个概念是相对概念。同时，私域和公域的概念要晚于私域流量和公域流量这两个概念的提出。笔者认可"流量的本质是用户的注意力"这一说法，用户的注意力影响他们接触媒体的时间、频次和深度，用户在某一时间段内完成交互产生的数据和衡量这些数据的可量化指标即流量。因此，私域流量和公域流量可以直接指代品牌在私域沉淀的用户和在公域触达的用户。

那么，私域概念是如何诞生的，又如何迅速改变社会化营销环境，融入中国社会化营销的呢？下面将从私域流量的提出开始，由浅入深地探讨这一变化。

# 2.1　私域概念的诞生

## 📦 2.1.1　私域流量的提出

私域流量概念的诞生要从互联网流量红利的消退讲起。网民规模的持续扩大，带来了数字营销领域的流量红利：随着互联网用户数量的不断增加，企业自然地获得了将产品和品牌信息通过数字媒体传播给更多用户的机会。在 2014 年，中国迎来了自 1994 年首次全功能接入互联网后的第一个重要拐点，网民规模增速降至 5% 左右；此后，连续 4 年增速均保持在 7% 左右[1]，如图 2-1 所示。

一方面，流量红利为各行业的广告主带来了整体销量的增加，也让广告行业取得了巨大收益。但是，用户触媒习惯的改变、社交媒体平台的高集中度和少数巨头的控制带来了数字广告投放成本的增加。当获客的效果难以提升、获客的成本却在增加时，流量红利的消退和其他因素带来的边际效益递减，让越来越多的广告主希望寻觅新的营销手段以实现增长。

另一方面，建立大众市场（Mass Market）用户对品牌和产品的认知，是多数企业营销漏斗中顶层的目标。以往，企业主要依靠公域媒体来扩大漏斗开口。而公域媒体就像一个巨大的流量池，任何参与者都可以在遵循媒体平台规则的情况下发布并接收信息，其典型的代表是门户网站和搜索引擎。虽然公域媒体能帮助企业实现扩大开口的目标，但在公域中与用户产生直接互动

---

1　基于 CNNIC 历年发布的数据整理得出。

关系的却不是品牌方本身，而是作为传播渠道的公域媒体平台。这一点很好理解：如果广告主想有效触达目标市场，就必须选择目标客群常用或青睐的信息接收渠道。这就意味着，媒体平台与用户之间关系的亲密程度可能会高于品牌方与用户之间关系的亲密程度，向用户传递信息的权力也掌握在媒体平台的手中。

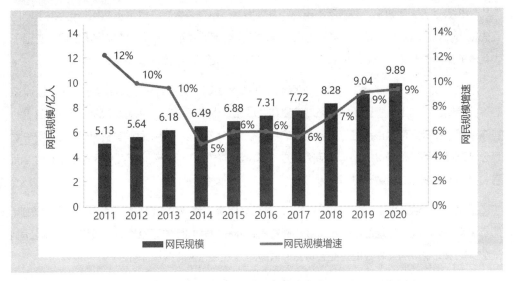

图 2-1　2011—2020 年中国网民规模及增速

再从执行上看，如果某运动鞋服品牌广告主计划选择年轻男性群体青睐的某媒体平台投放广告，多数情况下，广告主无法确定其广告的传播对象是否是自己品牌的用户。更进一步讲，即使能借助数据管理平台（Data Management Platform，DMP）或需求方平台（Demand Side Platform，DSP）完成程序化广告投放，并获得一些用于识别用户身份的回传数据，再根据自身数据库中的对应数据对这些数据进行验证，广告主也仅提升了广告投放的精准度和效果，同时确认了用户的身份，并不能与自己的目标用户建立直接的联系。另外，品牌方在公域很难重复地触达用户，即便能够重复触达，也会面临高额的成本。例如，广告主在某一次的营销活动中，对某社交媒体平台持续投放开屏广告，一旦活动结束，广告停止投放，品牌方与用户之间关系的密切程度就会大幅下降。

在营销组合（Marketing Mix）模型的变迁中，可以看到从 4P（Product，意为产品；Price，意为价格；Promotion，意为促销；Place，意为渠道）到 4C（Customer，意为用户；Cost，意为成本；Convenience，意为便利；Communication，意为沟通）再到 4R（Relevancy，意为关联；Respond，意为回应；Relation，意为关系；Return，意为回报）的历程，营销的核心也从产品向用户转变，而后明确为关系的建立。既然品牌以建立与用户的关系为核心，那么在用户进入营销漏斗后，基于良好的关系实现用户留存和持续价值创造的意义就得到了再次提升。

当多数品牌方苦于无从寻觅新的营销手段时，一些创新品牌的品牌方率先选择了基于社交关系的营销模式以获得增长，甚至将社交媒体作为主要的销售渠道。从个人代理产品到微店再到小程序商城，这一模式均是借助社交媒体完成社群运营、互动、分享裂变等动作，最终或直接形成转化，或提高了交易效率。随着社交电商的蓬勃发展，私域流量这一概念于 2018 年由阿里巴巴首先提出。到 2019 年，以拼多多为代表的通过社交电商模式起家的平台和以完美日记、花西子为代表的直达消费者（Direct to Consumer，DTC）新品牌也借助分享裂变迅速发展。

这些新型商业模式的崛起均离不开以微信生态为代表的弱中心化社交媒体平台对私域流量态度的转变。事实上，看似新颖的私域流量在公域流量中早已存在。如果某个品牌开设了自己的官方微博，品牌方可以直接进行内容推送的粉丝就是私域流量，使用品牌官方微博的全部用户就是公域流量；更进一步讲，加入了品牌官方微博粉丝群的用户相对于品牌官方微博全部的粉丝而言，是一种更细分的私域流量。

根据 WeAreSocial 2020 年的研究，以微信为代表的私域生态已占据了中国网民超过 50%的互联网使用时间，日均使用时长在 3 小时左右；神策数据 [ 指神策网络科技（北京）有限公司 ]2021 年的研究显示，38% 的企业会将私域营销列为主要的营销投入方向之一。

综上，随着流量红利的消退，品牌方希望找到一种成本更低的营销手段来与公域营销进行结合。由于公域流量在多数情况下用于营销漏斗上层的曝光和引流，因此其本身无法完成对用户精准地持续触达并创造价值，也无法体系化地将用户纳入用户旅程管理之中。与此同时，基于社交关系的营销模式开始被用户广泛接受，特别是分享裂变、互动和社群管理的能力，让更多的品牌方开始主动运营私域流量。到 2019 年，私域流量这一概念开始盛行。

## 🎁 2.1.2　私域流量的三大特征

公域流量与私域流量为企业带来的营销的差异包括但不限于对应的营销漏斗层级和成本。下面通过对比系统地分析私域流量的三大特征。

（1）公域流量与私域流量可以互相转化，互为补充。

既然是相对概念，公域流量和私域流量就存在特定条件下互相转化的可能。从线上营销的视角看，借助以广告为代表的公域营销手段，品牌方可以通过吸引留资（留下个人资料）、关注社交媒体官方账号等方式将用户纳入会员体系，进而持续地通过内容、活动等形式影响用户，强化用户与品牌的关系，从品牌的单向输出转变为用户与品牌的双向奔赴。需要注意的是，将用户纳入品牌私域仅仅是私域流量运营的第一步。一旦品牌与用户互动的深度变浅、频次下降，或品牌传递的信息无法引起用户兴趣，那么用户依然会从私域流量池中撤离，回流到公域平台中。

当然，没有品牌方愿意看到私域流量的无故流失。如果出现部分高价值或高潜力用户的流失，营销人员就需要再次通过公域营销手段召回用户。因此，公域流量与私域流量不仅可以互相转化，还可互为补充。

（2）建立在私域流量之上的营销，侧重以低成本的方式实现用户生命周期的价值创造。

前文中已明确公域流量对应营销漏斗的上层。在实际业务场景中，营销人员，特别是互联网运营角色，会以 AARRR 模型[1]为指导创造用户价值：公域流量对应获取（Acquisition）与激活（Activation）阶段，私域流量对应留存（Retention）、变现（Revenue）与推荐（Referral）阶段。图 2-2 所示为 AARRR 模型。从公域平台引流需要通过广告等手段实现，因此在获取阶段，企业需要付出一定的成本。同时，要促成用户的首次购买还需要让用户获取一定的收益，这种收益可能由产品或服务直接提供，也可能需要通过发放优惠券等方式实现，形成一定的支出项。

图 2-2　AARRR 模型

由于公域营销对应的获取与激活阶段已经为后续的私域营销承担了引流所需的广告或线上活动支出，后续的价值传递主要在私域渠道完成，成本自然要低于公域营销。同时，在用户完成复购、消费升级或品类延展后，用户生命周期也在运营中延长，生命周期价值（Lifetime Value，LTV）获得持续提升。

（3）可作用于私域的营销手段更为多样，且不断创新。

由于私域营销的目标是建立用户忠诚，创造更多的双向价值，因此被纳入私域流量池的用户本身就更为稳定。举例来说，基于企业微信场景并有销售介入的私域营销模式，在满足用户需求的同时，还能通过建立私人关系来增加品牌在用户日常生活中的曝光，突出品牌在用户生活中的

---

1　AARRR 模型最早由知名投资人戴夫·麦克卢尔在 2007 年提出，是 Acquisition、Activation、Retention、Revenue、Referral 这 5 个单词的首字母组合，分别对应用户生命周期中的 5 个重要环节，即获取、激活、留存、变现、推荐。

重要性，常见的手段包括社群运营、基于朋友圈的内容分享、抽奖、接龙、公众号发文评论区集赞赠送礼品、公众号文章互推等活动。为保证营销的效果，营销人员需要评估触达的频次是否会影响到用户的日常生活，并避免发布过多的诱导性内容。

在微信等典型社交媒体更新功能后，营销人员和营销科技供应商都会集中对新增场景的私域营销价值展开挖掘。在 2020 年 5—9 月，微信生态有很多功能更新。以企业微信的标签功能为例，简单来看，该功能可根据用户特征增强各场景下的个性化内容推荐效果，但如果将标签功能结合活码（动态的、具备一定定制化能力的、可跟踪分析的二维码）自动标记各用户的渠道并分析来源，就能优化整个营销链路，这便是私域营销创新特征的一种体现。

# 2.2　私域在中国的独特价值

## 🧊 2.2.1　私域时代的社会化营销符合不同代际消费者的需求

中国经济的迅速发展为不同代际群体带来了不同的成长环境，也让不同代际群体形成了不同的消费理念。中国在 20 世纪 60 年代末与 90 年代初出现了两次新增人口波峰（见图 2-3）[1]，并对人口年龄结构造成影响：从 2019 年的人口数据来看，Y 世代与 Z 世代人口占总人口的比例超过 39%，X 世代人口占比超过 24%，更年长群体占比约为 25%。[2] 这种各年龄段占比不相上下的人口结构为中国的社会化营销带来了一定的复杂性。

虽然目前我国网民增速已脱离了高速增长区间，但互联网正进一步向年轻群体和更年长群体渗透。年轻群体成长于互联网时代，经常使用社交媒体，以抖音为例，"90 后"和"00 后"用户占比近 50%[3]；据 CNNIC 数据，50 岁及以上网民群体占比已由 2020 年 3 月的 16.9% 提升至 2020 年末的 26.3%，按照该年龄段人口总量完成的初步测算显示，2018—2020 年，互联网渗透率在该年龄段人口中增长超过 15%，远超各年龄段的平均水平。了解不同代际人群的社交媒体使用需求有助于我们更好地理解私域时代社会化营销价值提升的底层逻辑。

---

1　参考世界银行数据，自 1951 年起，以 5 年为区间统计，单位为百万人。

2　各类研究对代际的划分各有不同。本书中，出生于 1996—2010 年的群体归为 Z 世代，出生于 1981—1995 年的群体归为 Y 世代，出生于 1966—1980 年的群体归为 X 世代，早于 1965 年出生的群体整体归为更年长群体，对此下文不赘述。

3　巨量算数：《抖音用户画像》（2020 年）。

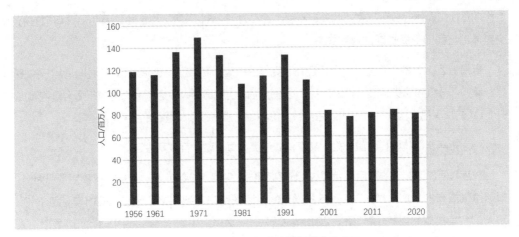

图 2-3 1956—2020 年中国新增出生人口

（1）Z 世代、Y 世代鲜明的价值取向有利于品牌通过私域建立信任。

Zebra IQ 的研究指出，Z 世代的鲜明特征是观念开放、行动导向、独立思考并重视联系。该机构同时提出了与 Z 世代沟通时的 4 项要点：信任、责任、自治和兑现。其中，信任是最为基础也是最为重要的一项。Morning Consult（美国一家咨询公司）经研究发现，朋友或家人的推荐对大多数 Z 世代 86% 的购买决策起到了促进作用，同时 Z 世代不会拘泥于大品牌。在天猫的研究中，Z 世代愿意接受他人推荐、扩大自己选择品牌的边界的特点被总结为"易种草"（"种草"指推荐给他人自己感兴趣的事物）。私域场景下的社会化营销建立关系的基础正是信任，前文提及的部分面向年轻消费群体的 DTC 新品牌，也正是依靠私域取得了快速增长。

中国的 Y 世代是典型的互联网"原住民"。他们热衷于表达自我，在不断变化的环境中成长，同时也需要在现实体验和自我满足之间找到平衡，兼具虚拟与现实的社交媒体是他们接触最多的信息接收渠道。根据凯度的描述，Y 世代的消费观念关键词是悦己、升级与前沿，独生子女为主的家庭结构让他们更愿意将自我作为生活的中心以享受生活，提升自己的生活品质并紧紧追随新潮事物。私域营销不仅能让他们得到更周到的关怀，也能让他们持续接触更多新的品牌动态，获得更多提升生活品质的机会。

（2）X 世代是社交媒体的忠实用户，也是多数品牌私域场景下社会化营销的主要目标群体。

中国的 X 世代几乎完整见证了互联网的高速发展，对数字经济改变自身生活的感知较为强烈。许多研究均发现了 X 世代对社交媒体有更强的依赖。据 QuestMobile（北京贵士信息科技有限公司）的数据，中国 Z 世代的社交媒体使用时长在 2019 年出现过一定程度的下降；而咨询公司尼尔森经研究发现，X 世代比其他任何世代都更习惯使用社交媒体；研究机构 DDI 直接指出，X

世代才是社交媒体的真正玩家。此外，X 世代购买力强，对品牌较为忠诚，因此品牌可以在社交媒体上与他们形成长期的互利关系。

容易被忽略的是，X 世代大多已建立了完整的家庭。私域营销创造 LTV 的导向适用于许多具备复购、升级和品类延展条件的产品，这些产品的使用场景大多为家庭，并属于适合复购和提升 LTV 的快消品。因此，X 世代还是多数品牌私域场景下社会化营销的主要目标群体。

（3）更年长群体同样希望成为社交媒体的焦点，真正融入互联网生活。

在互联网加速渗透的背后是我国约 1.5 亿名仍未"触网"的老年人。[1] 以微信的使用情况为例，根据微信发布的数据，2017 年，55 岁以上的月活跃用户达到 5000 万人，2018 年达到 6100 万人。根据中国社会科学院与腾讯 2018 年的研究[2]，大多数中老年（研究中样本为 50 岁以上人群）用户都会使用微信聊天，超过八成的中老年人都会在微信中发表情或图片、朋友圈点赞、接收或发红包，近七成中老年人会拍摄和转发小视频。访谈的结果显示，中老年人自己拍摄和分享的小视频主要以旅游、健身和孙辈动态为主，转发的网络视频主要以趣味性较强的幽默视频为主。这些结果表明，中老年人对于微信的使用不局限于将其作为即时通信工具，还将其作为自己表达情感和维系社交的互动平台。

更年长群体希望自身能成为社交媒体的焦点。哈佛大学的研究显示，过多的隔离和孤独让美国老年人正成群结队地进入社交媒体领域。过去几十年里，中国二元结构和城市化带来的人口迁移给更年长群体带来的孤独感不可小觑。但在永远年轻的技术面前，不会永远年轻的人们依然会主动接受生活中的改变。微信、抖音、快手等平台均呈现了更年长群体数量增长的趋势，曾经几乎完全是年轻群体用户的 bilibili 如今也为更年长群体开设了许多专区。良性的私域社会化营销在帮助更年长群体更好地获得购买产品带来的收益，并给予他们一定指导的同时，也能很好地发挥更年长群体在社交圈、活跃度等方面的价值。

## 📦 2.2.2　中国的社会文化无形中助推了私域的发展

荷兰心理学家霍夫斯泰德于 1980 年提出了文化维度理论（Hofstede's Cultural Dimensions Theory）。在该理论中，霍夫斯泰德通过权力距离、不确定性规避、个人主义 / 集体主义、男性气质 / 女性气质、长期取向 / 短期取向、放纵 / 约束 6 个维度来衡量国家之间的文化差异。这里选择个人主义和长期取向两个维度，解释私域在中国如此重要的底层逻辑。

---

1　CNNIC：《第 47 次中国互联网络发展状况统计报告》。
2　中国社会科学院、腾讯：《中老年互联网生活研究报告》。

个人主义维度指的是社会成员之间的相互依存程度，其倾向取决于人们的自我形象是用"我"还是"我们"来定义。在典型的个人主义社会中，人们只关注自己和直系亲属的关系；而在集体主义社会中，人们属于团体，通过互相照顾以建立忠诚的关系。中国在这个维度显示出了极强的集体主义文化，这就印证了社交关系在中国的重要性。关系是社会化营销的核心，也是私域能取得发展的基础。因此，基于私域的社会化营销在中国能被广泛接受。

长期取向维度指的是一国愿意接受变革的程度。中国在该维度上有较高的接受能力，这就是新鲜事物能在中国快速推广的原因。中国市场上，移动支付的广泛应用和新能源汽车的迅速渗透都是典型实证，而这二者在美国的市场接受度都相对有限。作为营销的新兴方向，私域营销不仅与公域营销之间不存在替代关系，还具备上文所述的低成本、高收益特征，故能被营销人员广泛接受。而中国广泛的营销受众也因为较高的接受度，愿意在私域与品牌建立联系。

# 2.3 私域时代的社会化营销方法论先导

## 2.3.1 私域时代的社会化营销价值定位

作为为用户、合作伙伴和社会创造、沟通、传递和交换价值的一整套活动、组织和流程，市场营销一般会通过品牌打造、营销转化和关系管理3项价值定位来达成目标，社会化营销也不例外。在私域时代，以上3项价值定位也被营销人员赋予了新的内涵。

### 1. 品牌打造

品牌打造面向的是用户心智。定位理论的创始人之一特劳特认为："人类心智如同计算机的存储器，它会给每条信息分配一处空位并将其保存下来。"因此，占领用户的心智，就是要让用户记住品牌的价值点，让品牌成为用户想到某一类产品或服务时脑海里闪现的第一个名字。国内资深广告人空手提到，品牌打造需要关注三大系统：符号系统、价值系统、意义系统。符号系统是一个品牌区别于其他品牌的识别符号，是用户认识品牌的基础层级；价值系统是品牌众多复杂的标签中，能提炼出的品牌的关键特征和带给用户的核心价值，居于中间层级；意义系统是品牌的文化象征，代表着用户的情感、态度、个性和自我形象，是品牌打造的最高层级。真正让品牌脱颖而出的不是基础的物理符号，而是更高层级的品牌人格，这也是私域时代的社会化营销中品牌打造的重心。

谈及品牌人格，就有必要提到玛格丽特·马克与卡罗·皮尔森（又译为卡罗尔·皮尔逊）在荣格人格结构理论的基础上提出的12种鲜明的品牌人格原型，如表2-1所示。这12种品牌人格原型又属于4个大类：代表秩序和安全的照顾者、创造者、统治者，代表独特与独立的天真者、探险家、智者，代表成就与征服的英雄、叛逆者、魔法师，代表爱与归属的凡夫俗子、情人、弄臣。

**表2-1 12种品牌人格原型**

| 品牌人格原型 | 用户感知 | 相关品牌示例 |
| --- | --- | --- |
| 照顾者 | 帮助、照顾他人 | 博西家用电器 |
| 创造者 | 创造新的事物，表达自我愿景，让愿景具体化 | 戴森 |
| 统治者 | 发挥统治力，成功创造繁荣的家庭、公司、社区 | 梅赛德斯-奔驰 |
| 天真者 | 尊重信仰以获得幸福 | 可口可乐 |
| 探险家 | 探索世界，体验更美好、更真实、更令人满足的生活 | 国家地理 |
| 智者 | 运用智慧来分析和了解世界 | IBM |
| 英雄 | 勇敢行动，改造世界 | 耐克 |
| 叛逆者 | 打破常规，摧毁没用的东西 | 苹果 |
| 魔法师 | 让美梦成真 | 迪士尼 |
| 凡夫俗子 | 有归属感，融入群体 | 五菱 |
| 情人 | 与所爱之人及周围环境维持关系 | YSL |
| 弄臣 | 玩得快乐，照亮世界 | M&M's |

上述12种品牌人格原型之所以能被列为品牌打造的基础类型，就是因为这些人格本身都非常鲜明且高度凝练，并与其面向的用户群体息息相关。银行业常见的"值得信赖"标语与保险业常见的"值得托付"标语就属于照顾者人格，而许多运动品牌，如耐克、阿迪达斯、安德玛则是英雄的形象。借助社会化营销手段，品牌能够在一些社交媒体上保证展露一致的形象，并且面向不同媒体的不同用户，传递同一种品牌人格在不同情境下的不同表现。例如：招商银行在面向年轻群体的微博上，以一只卡通形象的招财猫"小招"示人，"小招"经常会派发粉丝福利，并积极与用户互动，比如与用户进行情感交流；而由于在微信上触达与互动的频繁程度不及在微博上，但微信具备更多的服务场景，于是招商银行更突出自身在关怀用户理财方面的专业性。

此外，如果说传统的品牌打造成功与否的衡量标准为"品牌三度"（知名度、美誉度、忠诚度），那么私域时代的社会化营销则侧重美誉度与忠诚度。例如，各类品牌都会在社交媒体上积极争取用户的认同，借助不同的事件或主题来占领用户的心智，这种情形常见于新品牌进入市场和品牌焕新时。例如，果汁品牌innocent在登陆中国市场后，延续了自身在慈善方面的创意，该品牌每卖出一瓶带有手工毛线小帽的果汁，就会捐一部分钱给一些敬老院和慈善组织，而人们也会自发"晒单"、积极购买，这类慈善行为既为品牌增加了美誉度，也让用户在持续的复购中形成了忠诚。又如，故宫博物院打造的故宫文创品牌不仅与综艺节目《上新了·故宫》联动，吸引了年轻群体关注中国历史文化，还借此推出了许多符合环保、经典文化传承等理念的产品，并且在微博等社交媒体上与年轻群体积极互动，因而广受好评。

## 2. 营销转化

长期的营销转化或销量增长本身也是品牌打造的目标，但如前文所述，借助私域时代的社会化营销手段，品牌不仅获得了更多直接转化并完成快速裂变的机会，还使得消费者更容易实现复购和品类延展。不同品类均有适合自身提升营销转化效果的手段，下面逐一解读裂变、复购和品类延展这3种常见的私域社会化营销转化方式。

裂变是极具社会化营销特色的一种手段，不仅能让信息的直接接收者完成消费，还能借助社交关系引导人们购买。前文提到，社会化营销极大地缩短了消费者做出购买决策的路径。按照"人、货、场"（即消费者、商品和消费环境）的角度来解读商品销售，裂变手段中的"场"也正朝着引起消费者情感共鸣、快速激发消费者需求的方向发展。同一类消费者的社交圈让他们的需求具备共性的可能性更大，裂变转化的可行性也就更高。一般来说，裂变的手段适用于价格更容易被接受的快消品，快消品的使用场景多、使用频次高，需求容易被激发，且价格相对容易被接受，故能最大化地发挥裂变快速扩散的效果。

社会化营销让复购变得容易实现。其一，品牌可以借助自身的社交媒体矩阵对消费者进行持续的触达，并传递不同场景下不变的核心价值，不断提升自身在帮助消费者解决问题与达成目标方面的能力，引导消费者在线上快速形成复购。其二，品牌会将消费者纳入私域会员体系进行精细化的运营，根据每位消费者的基本属性和消费习惯完成标签化的管理，在社群、官方App及其他渠道推送内容，增强用户的复购意愿。复购以长期的持续转化为目标，与品牌打造中形成忠诚的目标更为贴近，因此在同一品牌体系内，复购与增购服务的逻辑基本一致，且复购手段广泛适用于耐消品和快消品。

品类延展包括商品品类扩展和消费升级两个方面。相信许多营销人员都熟悉将尿不湿和啤酒作为关联商品的案例，而在社会化营销场景下，借助大数据，特别是数据挖掘及人工智能技术，营销人员很容易就能找到不同品类之间的关联。例如，电商平台会主动向消费者推荐与消费者购物车内商品相关的商品，并推荐其他同类型消费者经常购买的商品，以扩展消费者的消费品类。在消费升级方面，除了主动去更新商品组合和持续去传递信息之外，营销人员还可以在私域社群实现一对一的精细化运营，这十分有助于销售部分客单价较高的商品。当然，延展更适合多品牌战略或拥有多个子品牌的企业，且不同品牌之间有明显的层级，如酒店与美妆品牌。

许多中心化较强的社交媒体，如抖音，利用大数据将商品内容推送给对其感兴趣的消费者，将营销转化为一种"货找人"的发现式消费，并将自身定位为兴趣电商。由于富媒体内容能让商品的使用场景更为具象化，因此它能最大限度地激发消费者兴趣，并通过主播"带货"赢得用户的信任；在此基础上，再通过 Lookalike[1]（相似人群拓展）找到更多的潜在消费者，发挥更大的营销转化价值。

## 3. 关系管理

关系管理本身是双向的。一方面，企业希望通过与消费者直接建立良好的关系以达成营销目标，这种关系管理与传统的客户关系管理类似；另一方面，通过不断加深对消费者的认知，了解消费者如何看待自己，企业才能为消费者带来更多符合其需求和预期的价值，维护好与消费者之间的关系，这种关系管理多需要借助社会化聆听（Social Listening）实现。

在社交媒体环境下，用户具有不同的特征，相互之间的关系比较复杂，用户对流量资源的选择也不是随机的，众多用户共同构成了复杂的网络形态。在这种网络形态之下，具有共性、联系直接且紧密的用户往往会围绕一个占据流量较多的用户形成群集。如果品牌要通过社交媒体建立或加深与用户之间的关系，直接的方式就是找到这些群集，利用这些群集里的一个或多个核心影响者（Influencer）来帮助自身达成目标。

但在私域时代，通过树立自身的品牌人格，在内容营销与线上营销上投入更多精力，将自身打造为核心影响者，是不少品牌的共同选择。杜蕾斯在微博上的社会化营销案例就是典型代表。2011 年，杜蕾斯首次开通新浪微博，打造了知性幽默的品牌形象，其持续以文案为主进行内容营销、热点营销，吸引粉丝关注并积极互动。根据尼尔森的统计，2011 年该品牌在中国的销售额增幅就超过 50%。截至 2022 年 8 月，杜蕾斯在微博已拥有近 312 万名粉丝，已成为诸多品牌仿效的对象。此外，由于社交媒体本身具备很强的互动属性，许多活跃在社交媒体上的品牌均具备一定的服务提供者形象。

社会化聆听主要通过一些社会化媒体口碑监测平台或工具收集数据，并进行整理和分析后，

---

1　Lookalike 是基于种子用户（或消费者），通过一定的算法评估模型，找到更多具有潜在关联性的相似人群的技术。

得出相应的用户洞察信息；常见平台包括微博、微信、博客等各类社交媒体，内容覆盖品牌、用户（或消费者）洞察、竞争对手、行业趋势等方面。

## 2.3.2 私域时代的社会化营销平台及技术栈构成

事实上，社交媒体有不同的分类方式，虽然有些社交媒体在内容呈现和沟通形式上早已趋同。例如，Facebook 早已拥有即时通信工具 Messenger，而主推图片、短视频社交的 Instagram 也引入了直播功能。为了更明确地区分各类社交媒体，此处介绍两种研究机构和从业者对社交媒体类型的划分方式。

（1）按照社交媒体的社交强度和内容丰富性划分。

这种分类倾向于学术研究目的。社交媒体用户间的社交关系有强弱之分。比如，知乎用户之间的主要交流场景并不在一个完全封闭的实时交互环境中，而是针对某一问题的回答和用户的回复，那么知乎的社交关系就偏弱；而微信为用户提供了直接的一对一交流场景，并可通过名片推荐等形式帮助用户快速扩大自身社交圈。社交媒体本身的内容丰富性也有区别。例如，博客的内容丰富性就明显不及短视频平台，后者几乎能覆盖前者的所有场景，但前者只能通过图文和视频插入的形式呈现内容。

早期一些有关社交媒体分类的研究均是按照这两个维度展开的。在 2010 年学术期刊 *Business Horizons* 的一篇论文中，就将社交媒体的"自我表达"分为高、低两个维度，并将"媒体丰富性"分为高、中、低 3 个维度建立矩阵，对社交媒体类型进行分类。这种方式基本可以涵盖当时主流的社交媒体类型。但随着社交媒体的多样化，通过这种划分方式已经很难判断用户表达自我诉求的实际情况与内容的丰富性。

（2）按照社交媒体的垂直属性或应用场景划分。

社交媒体的垂直属性或应用场景是诸多社交媒体生态图谱常用的分类方式，且这种方式在现阶段依然适用。早在 2010 年奥美的 360 度数字影响力（360° Digital Influence）罗盘（见图 2-4）中，已能找到相对系统的、按照垂直属性划分的社交媒体类型。其中，Facebook、人人网等被列为社交网络，Quora 被视为问答社区，领英代表着专业社交网络。

社交媒体的外延在不断扩大。一方面，社交媒体呈现出的垂直属性越发多样；另一方面，更多的媒体也具备了社交属性。一个典型的例子就是支付宝。作为支付平台，支付宝不仅具备一般即时通信工具的功能，还接入了许多社交小游戏，并巧妙地将其和用户生活、消费场景相结合，通过公益类事件促进更多用户主动参与并积极互动，提升自身商业价值的同时也具备了更强的社交属性。

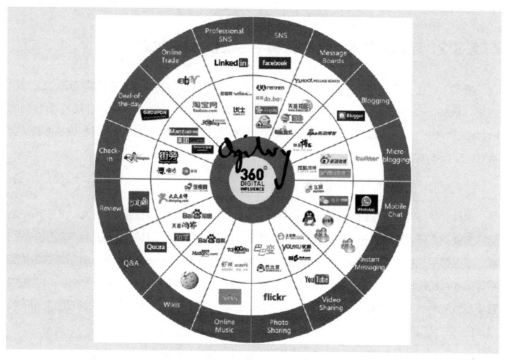

图 2-4 奥美早期的社交媒体分类

技术的进步带来了消费环境的变革，为顺应这种变革，营销人员需要主动采用先进的技术，以最大化发挥社会化营销的价值，让企业形成高度一致的营销体系，提升工作效率。2010 年，一个结合了营销（Marketing）与科技（Technology）的新名词 Martech 由数字营销专家斯科特·布林克尔首次提出。该概念是营销、技术与管理的融合，也是有助于达成一系列营销目标的软件与工具的集合，这些软件、工具或技术的堆叠也被称作营销技术栈（Martech Stack）。从 2010 年起，斯科特·布林克尔几乎每年都会发布全球营销技术栈的图谱，到 2021 年，入选营销技术栈图谱的企业总数已达 8000 余家。

营销科技基本上可以看作营销渠道、营销科技应用和营销数据的有机体。营销渠道决定传播媒介与内容承载形式，营销科技应用影响营销的效果，而营销数据则是当前营销所必需的生产要素。按照这一逻辑，营销专家大卫·拉布（David Raab）曾梳理了一张有趣的表格，表格中指出公元前 35000 年的人类活动标记被视作最早的营销渠道；随着社会逐步从工业前时代、工业时代、计算机时代发展到互联网时代，营销科技于 20 世纪 90 年代迎来真正的发展，其应用和数据元素都在大规模增长，并出现了网站分析（Web Analytics）、搜索引擎优化（Search Engine Optimization，SEO）、客户数据平台（Customer Data Platform，CDP）、数据管理平台（Data Management Platform，DMP）等营销人员耳熟能详的技术栈。

笔者也基于斯科特·布林克尔的营销技术栈图谱，整理了一版符合中国市场社会化营销环境的营销技术栈构成（见表2-2），以供各位读者参考。

**表2-2 中国社会化营销技术栈构成**

| 广告与促销 | 内容与体验 | 社交与关系 | 交易与销售 | 数据 | 管理 |
|---|---|---|---|---|---|
| 展示与程序化广告 | 内容营销 | 目标客户营销 | 联盟营销与管理 | 受众及营销数据与数据增长 | 敏捷/精益管理 |
| 移动营销 | 数据资产管理（DAM）、产品信息管理（PIM）与营销资源管理（MRM） | 拥护、忠诚与推荐 | 渠道、合作伙伴与本地营销 | 商业智能/客户智能与数据科学 | 预算与财务 |
| 原生与内容广告 | 邮件营销 | 呼叫分析与管理 | 电商营销 | 客户数据平台（CDP） | 协作工具 |
| | 交互内容生产 | 技术社区 | | 数据可视化 | |
| 公共关系 | 营销自动化（MA） | 对话营销 | 电商生态运营 | 数据管理平台（DMP） | 产品管理 |
| 印刷广告 | 客户体验管理（CEM） | 客户关系管理（CRM） | | 数据治理、合规与隐私 | |
| 搜索与社会化广告 | 移动应用开发 | 社会化客户关系管理（SCRM） | 零售、邻近销售与物联网营销 | 数据集成与标签管理 | 项目与工作流管理 |
| 视频/短视频广告 | 体验优化、个性化与测试 | 客户体验、服务与客户成功 | 销售自动化、赋能与智能 | 集成平台即服务（PaaS）与基础设施（云）服务 | 人才管理 |
| | | 影响者营销 | | | |
| 电视广告 | 搜索引擎优化（SEO） | 社会化聆听与舆情监控 | 客户服务 | 营销数据分析、表现与归因 | 供应商分析 |
| | 视频/短视频营销 | | | 移动应用/网站分析 | |

到这里，作为本书先导章节的内容就告一段落了，接下来将正式对当前主流社会化营销平台的营销方法论、场景及案例展开分析。

# 3. 微信生态社会化营销

# 3.1 移动即时通信的发展与变革

## 3.1.1 移动即时通信的发展历程

即时通信（Instant Messaging）是一种能够立即接收消息的实时通信服务。大多数即时通信服务会提供用户的状态信息，该状态会显示用户是否在线；并提供好友列表，用户既可以选择与自己频繁联系的人联系，还可以进行群聊。企业级的即时通信支持在专用和公用网络内的实时消息传递。

即时通信根据终端的不同，可以分为 PC 即时通信和移动即时通信。PC 即时通信最早可以追溯到 1996 年，是由 3 个以色列青年发明的 ICQ；在中国，则是腾讯 1999 年推出的 OICQ（2000 年更名为 QQ）。移动即时通信主要涵盖手机端，它的演变与移动互联网技术的发展息息相关；从手机的衍生品发展成独立的软件，移动即时通信现在已不再是简单的信息传递工具；它的典型代表有国外的 Skype、Line、WhatsApp、Clubhouse 和中国的飞信、微信等，如图 3-1 所示。

图 3-1　国内外典型的移动即时通信平台

根据 CNNIC 的统计，截至 2020 年 6 月，中国移动（这里指手机端）即时通信用户规模达

9.3亿人，占手机网民的99.8%[1]，如图3-2所示。可见，移动即时通信已经成为主流通信方式，能够连接大规模的用户。

图3-2　中国移动即时通信用户规模及使用率

中国的移动即时通信主要经历了短信、彩信、飞信、微信4个重要的发展阶段。

## 1. 短信：移动即时通信的开启者

1992年，世界上第一条短信在英国诞生了，其是通过计算机向手机发送的。随即，手机之间的短信服务在全世界普及开来。短信的问世不仅为移动即时通信打开了新的大门，而且为移动端的营销提供了全新的触点。企业可以通过短信进行品牌营销或活动营销，对用户进行相对精准的主动触达。

## 2. 彩信：移动即时通信的进阶者

2002年，彩信应运而生。作为短信的进阶版，彩信能够提供多媒体信息服务，让消息向彩色、图像、动态、有声等方面进阶；彩信突破了短信信息量小、样式单一的限制，大大提升了可读性和传播性。彩信的问世让企业的广告营销有更多创新的空间；企业通过图片的色彩和动态，让信息更具特色和记忆点，让用户感受更直观。

---

1　CNNIC：《第46次中国互联网络发展状况统计报告》。

### 3. 飞信：移动即时通信的创新者

2007 年，中国移动推出了飞信。飞信是一个综合性移动即时通信产品，在融合了多媒体信息的同时，开启了通信业务和互联网的融合；飞信短消息、飞信手机移动端和飞信 PC 端可以无缝衔接，实现了信息的多端同步接收。飞信手机移动端作为手机的一个 App，给广告的嵌入提供了平台。但飞信由于存在无法打破跨运营商的壁垒、与自身传统业务冲突等多方面的问题，于 2016 年正式下线。

### 4. 微信：移动即时通信的变革者

2011 年，腾讯推出了微信，微信不仅融合了语音、文字、视频、图片等多种信息形式，而且支持多人群聊。微信在上线 10 周年时公布的数据显示，微信的日活跃用户达到 10.9 亿人。随着小程序、微信支付、企业微信、搜一搜、视频号等多条业务线蓬勃发展，如今微信已经发展成为一个生态，是社会化营销的重要阵地。

## 3.1.2 微信，从即时通信到商业生态

微信从 2011 年上线至今，经历了即时通信、社交平台、商业生态 3 个重要的发展阶段，如图 3-3 所示。

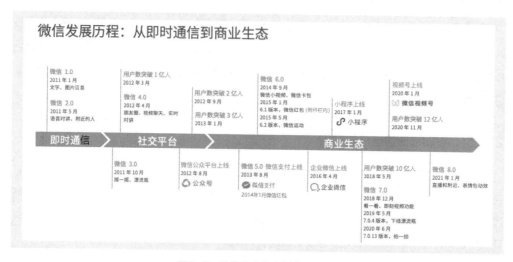

图 3-3 微信生态的主要发展历程

## 1. 第一阶段：即时通信——快速积累用户，初显社交属性

该阶段主要是微信1.0到2.0时代。微信经过不到半年时间的发展，不仅迅速补齐移动即时通信的基本功能，而且逐渐延伸至熟人和陌生人社交圈，向社交平台方向发展。

微信的首个版本仅支持文字和图片信息的发送，以及与QQ联系人的连接；之后增加对表情信息和群聊的支持，能够连接腾讯微博、手机通讯录（也称通信录），并支持通过微信号、邮箱、腾讯微博和手机号码去添加或邀请好友。微信1.X版本界面如图3-4所示。微信不但具有短信和彩信的功能，而且逐步建立了熟人社交圈，社交属性初显。

图 3-4　微信 1.X 版本界面

微信2.X版本推出语音对讲功能，如图3-5所示；之后在不断完善消息类型和各平台连接的同时，推出查看附近的人功能（见图3-6），初探陌生人社交圈。至此，微信已经具备移动即时通信的功能，并开始不断加强社交属性。

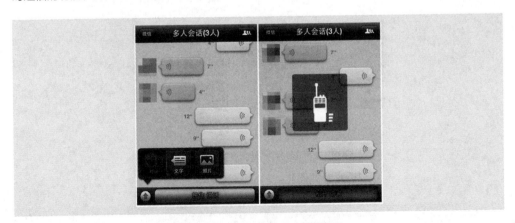

图 3-5　微信 2.X 版本语音对讲界面

图 3-6　微信 2.X 版本查看附近的人界面

## 2. 第二阶段：社交平台——熟人＋陌生人、线上＋线下，不断打通并盘活社交链

该阶段主要是微信 3.0 到 4.0 时代。微信打通"熟人＋陌生人"社交链，盘活"线上＋线下"社交场景，不断强化社交属性，实现了 3 亿用户的累积，为商业化发展打下基础。当然，微信在 5.0 到 8.0 时代也在不断推出社交相关功能，强化社交属性。

微信 3.X 版本推出摇一摇、漂流瓶等功能，继续完善陌生人社交场景；后续还推出个人二维码，能够应用于线下社交场景的好友添加，不断打通并扩大社交链。

微信 4.X 版本推出朋友圈功能，让微信好友之间拥有一个开放而又相对私密的互动平台；增加了视频聊天、实时对讲等功能，开放接口支持通过第三方应用向微信好友分享音乐等消息内容，以此增加好友互动场景，不断盘活社交链。图 3-7 所示为微信 4.X 版本朋友圈界面。

图 3-7　微信 4.X 版本朋友圈界面

微信 5.X 版本上线了微信支付（见图 3-8），后续还推出表情商店、游戏中心等，不仅提供了更丰富的互动场景，而且开启了商业化的进程。

图 3-8　微信 5.X 版本微信支付界面

微信 6.X 到 8.X 版本新增了微信小视频、微信红包、微信运动、看一看、拍一拍、表情包动效等诸多功能，不断丰富社交场景并增加趣味性，以此提升用户的活跃度和黏性。

### 3. 第三阶段：商业生态——多组件构建私域流量池，商业化能力不断提升

该阶段主要从微信 5.0 时代开启，至今仍在强势发展。该阶段的特点是微信"公众号 + 企业微信 + 小程序 + 视频号"多组件相互联动；弱中心化的生态系统给企业构建私域流量池提供了广阔的空间；配合微信支付的更新迭代，微信的商业化能力不断提升。

公众号在 2012 年正式上线。从最初的媒体平台到现在的公众平台，公众号不仅是一个新媒体平台，还是企业重要的营销渠道。

微信支付在 2013 年随着微信 5.X 版本上线，自此，微信正式开启商业化进程。2014 年春节期间推出的微信红包备受欢迎，大大增加了微信支付的绑卡数量；之后的面对面付款、陌生人转账等功能更是扩大了支付范围。目前，微信支付内嵌多项生活服务（如充话费、打车、购买电影票等），并对商家、服务商开放接口，提供全行业解决方案。

企业微信在 2016 年正式上线。将企业身份引入微信生态，不仅能够连接企业内部、客户，还提供了丰富的开发接口给第三方合作伙伴，用于提供企业数字化建设解决方案。

小程序在 2017 年正式上线，它在微信生态商业闭环的打造中起到重要作用。小程序最初通

过跳一跳的游戏场景积累了大量用户；目前商家自营、生活服务、教育、餐饮、工具等多品类小程序齐头并进，小程序商业交易场景的发展呈现繁荣景象。

视频号在 2020 年正式上线，作为承载视频内容的组件，视频号与公众号、小程序等组件形成了微信生态合力。视频号带动了微信生态内容的全面升级，也为企业创造了全新的营销机会。

可以看出，随着通信和互联网技术的革新，移动即时通信不断地演变。微信作为移动即时通信中的翘楚、拥有月活跃用户数将近 13 亿人[1]的巨大生态，具备社交性、开放性等特征，为社会化营销提供了广阔的舞台，带动了企业营销方式和内容的多元化发展。

# 3.2　微信生态构成

## 🧊 3.2.1　微信生态价值解读

对企业而言，将微信生态视为蓝海毫不为过。

蓝海和红海的真正区别，在于商家是否通过新的方式，为消费者创造出新的需求或满足消费者的新需求。在微信生态实现规模性商业化之前，品牌方无法在单一的应用环境中向消费者进行持续的价值传递、落地消费，无法维护并管理消费者，同时兼顾到店场景的服务需求。目前，有且只有微信生态能帮助商家实现这些目标。

更重要的是，微信是一个弱中心化的、拥有月活跃用户数将近 13 亿人的巨大生态。根据某第三方平台的监测结果，微信生态的日均使用次数占比在 22% 以上，这意味着微信占据了用户每天近五分之一的移动产品使用频次。这种与生活强关联的生态令企业在入驻之初，就自然具备了广大的流量基础，且覆盖能力还在持续提升。

首先，进驻微信生态意味着企业拥有了完全自主的自建平台，企业可进行品牌的建设，打造品牌形象、扩大声量，或者吸引用户参与活动；这体现在小程序开发的自主权、对公众号创作者

---

1　腾讯 2022 年中期财务报告。

的开放性，以及内容分发机制上。

其次，企业可以实现公域流量与私域流量的打通，利用微信生态进行各类营销，吸引流量、提升营收，完成转化。企业将广大的微信用户群体转化为自己的关注者、用户和会员中的一员，同时利用用户的朋友圈扩散信息，这就是流量打通的结果；小程序天然的工具属性和以"一物一码"为代表的识别与追溯的广泛应用，令微信生态具备了打通线上与线下场景的能力。

最后，则是内部与外部的数据打通，这包括微信生态构成之间的数据打通和外部数据接入内部两个部分。内部数据包括 CDP、客户关系管理（Customer Relationship Management，CRM）、会员系统与数据中台等中的数据，而外部数据则包括第三方平台和服务商开放的应用程序接口（Application Programming Interface，API）所导入的数据。开放性和充分的自主权使得微信生态更适合精准营销和精细化运营，从而使企业更好地为用户服务。

不难发现，品牌、转化和服务是微信生态为企业带来的核心价值，也是企业选择入驻微信生态的原因。

## 3.2.2 微信生态基本构成

关于微信生态，不同的人在不同的视角下会给出不同的解读。通常，我们会从宏观和微观两个维度来界定微信生态。

由于产业互联网是腾讯重要的战略方向，故从宏观层面看，微信生态可以定义为连接企业与个人用户的平台。而从微观层面看，微信生态由不同功能和平台组成，比如公众号、小程序、视频号等，同时微信又分为企业微信与个人微信。

将几个与社会化营销高度相关的功能和平台公式化后，可以发现这样一种表达式（见图 3-9 ）：

$$（公众号＋微信群＋朋友圈＋搜一搜＋小程序＋视频号）×（个人＋企业）$$

这一表达式就是本书对微信生态的定义。由于微信生态本身具备多入口特征，因此表达式中的各功能和平台的排序无须区分先后。同时，这个表达式中的变量是动态可变的，比如当看一看的发展更为成熟时，也可以作为变量加入。

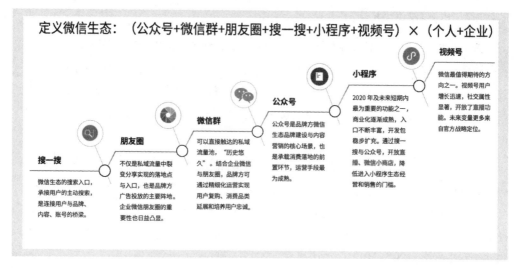

图 3-9　微信生态的定义

# 3.3　微信生态社会化营销方法论

微信生态的构成复杂多样，不仅微信生态内各组件联动性强，而且微信生态与公域／线下也有紧密连接。笔者通过用户路径分析[1]，聚焦微信生态营销应重点关注的组件，结合微信官方政策发掘出了适用的营销方式，并总结为微信生态社会化营销方法论。

## 3.3.1　用户路径分析

前文讲到，企业借助微信生态，可以实现品牌、转化和服务三大核心价值。这里总结了实现这三大核心价值的典型用户路径，如图 3-10 所示；通过进一步分析，可以发现微信生态能够承载这三大核心价值。

---

1　用户路径分析用来追踪用户从某个事件开始到某个事件结束过程中所经历的所有路径，能够看到用户的流向。

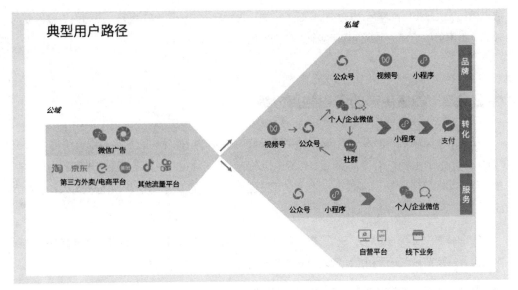

图 3-10 典型用户路径

就品牌而言，企业注重品牌建设，希望通过微信生态提升品牌形象，用人格化、内容营销、会员体系和各类活动推送，占领用户心智，使自己的品牌成为用户需求唤醒时想到的第一个品牌。用户通过第三方平台或其他流量平台、线下或微信广告等渠道，看到企业品牌，被吸引至品牌官方的公众号和视频号，企业便可以通过图文、视频、直播等多种形式进行用户心智培养。公众号和视频号是微信生态的组件中，较适合定位为品牌的组件，增强了企业品牌建设的多样性。

就转化而言，企业注重流量变现，希望将从其他渠道获取的流量通过微信生态进行激活，推动变现。企业希望把微信生态发展为重要的销售渠道，通过用户的购买和复购，形成品类扩展、提升价格，并将用户纳入会员体系，实现留量和营收的双提升。在微信生态中，企业在公众号、H5商城、微店、微信群和小程序中都可以完成用户转化，但小程序是最适宜、最值得重视的自营转化平台之一。一方面，视频号、公众号、企业微信和微信群都可以与小程序无缝联动，为小程序引流；另一方面，小程序的用户体验友好性和运营灵活性也让其成为更适合承接流量变现的微信生态构成。

就服务而言，企业注重会员经营，希望覆盖售前、售后、线上、线下等多种场景，满足用户获取信息、互动、查询、获取服务的需求，为用户提供合适的服务，提升用户的留存率和黏性。微信生态中的公众号和小程序既能够搭建会员体系，又能够实现服务预约、基于位置的服务（Location Based Services，LBS）等场景，是能够定位为服务的微信生态构成。此外，企业

通过微信 / 企业微信能够与用户进行直接的沟通，为用户提供一对一的服务，虽然人工服务成本较高，但服务体验好，也是能够承接服务的微信生态构成。

## 3.3.2　微信生态的营销触点分级

不难看出，随着微信生态构成逐渐丰富和功能的完善，微信生态越来越像一个操作系统（Operating System，OS）。微信生态的操作系统化，可让企业通过微信生态丰富的构成，在单一平台实现品牌、转化和服务的目标，给用户连贯、一致的体验，无须跨平台就可以实现营销闭环。

企业微信生态营销重点关注微信群、公众号、小程序和视频号这 4 个构成，下面结合微信官方政策，从营销触点分级和营销策略场景两个方面对这 4 个构成进行解读。

在这里说明一下营销触点的评估标准。营销触点从频次、展现深度、开放程度、精准性 4 个维度进行评估，各维度的权重和等级评分的详情如表 3-1 所示。根据等级评分，营销触点分为10 级，0 ~ 10 分为一级、11 ~ 20 分为二级，依此类推；总体而言，营销触点的等级越高，说明它的频次越高、展现深度越深、开放程度越高且精准性越高。

### 表3-1　营销触点的评估标准

| 评估维度 | 权重 | 等级评分 | | | | |
|---|---|---|---|---|---|---|
| | | 0分 | 25分 | 50分 | 75分 | 100分 |
| 频次 | 15% | 低，无法主动触达 | 较低，需用户主动订阅 | 中等，频次有限 | 较高，某些条件下不受限 | 高，频次不受限 |
| 展现深度 | 25% | 浅，展现形式单一，曝光位置不起眼 | 较浅，展现形式少，曝光位置一般 | 中等，展现形式、曝光位置适中 | 较深，展现形式较多，曝光位置较好 | 深，展现形式丰富，曝光位置醒目 |
| 开放程度 | 25% | 低，操作复杂，不开放接口 | 较低，操作较复杂，接口少 | 一般，操作不太复杂，接口有限 | 较高，操作较便捷，接口适中 | 高，操作便捷且接口多 |
| 精准性 | 35% | 低，只能全员触达 | 较低，粗略分组触达 | 中等，根据属性触达 | 较高，根据属性、行为触达 | 高，行为触发、基于 AI 触达 |

### 1. 微信群：首选企业微信客户群，充分使用社群管理功能和营销工具

微信群主要分为个人微信群和企业微信客户群（企业微信外部群）。这两类微信群的用户营销触点和等级如表 3-2 所示。从表 3-2 中可以看出，群消息是较为常用和方便的营销触点，群

直播也是值得重视的营销触点。

**表3-2 微信群的用户营销触点和等级**

| 排序 | 营销触点 | 触点等级 | 评估维度 | | | | 使用场景 |
|---|---|---|---|---|---|---|---|
| | | | 频次 | 展现深度 | 开放程度 | 精准性 | |
| 1 | 群消息（图文/语音等） | 七级 | 不限 | 图文/文字等多种形式，对话框中显示 | 可以通过接口自动化发送 | 按照群进行触达 | 推荐好物、举办活动等 |
| 2 | 群直播 | 五级 | 不限 | 图文形式，对话框中显示 | 手动操作为主 | 按照群进行触达 | 常用于授课、"带货"等 |
| 3 | 群待办 | 五级 | 不限 | 文字形式，显示在输入框上面 | 手动操作，无接口 | 按照群进行触达 | 用于通知类消息的提醒 |
| 4 | 群接龙 | 五级 | 不限 | 文字形式，对话框中显示 | 手动操作，无接口 | 按照群进行触达 | 用于社群团购、活动报名等 |
| 5 | 红包 | 四级 | 有金额限制 | 选择不同红包封面，对话框中显示 | 手动操作，无接口 | 按照群进行触达 | 主要用于活跃、唤醒群用户 |
| 6 | 会议 | 四级 | 不限 | 文字卡片，对话框中显示 | 手动操作，无接口 | 按照群进行触达 | 用于较为正式的沟通讨论 |
| 7 | 语音通话 | 四级 | 次数不限，最多15人 | 语音电话的形式 | 手动操作，烦琐，无接口 | 可以选择特定的人 | 用于多人对话沟通 |

个人微信群对商业目的的营销动作、营销工具的使用有诸多限制，对于企业来说，使用个人微信群稳定性低、有很大的被封风险。此外，企业微信在不断增强社群相关能力，例如客户群人数增加至 500 人、开放红包功能等，由此可见，企业微信客户群是企业对用户进行营销和长期服务的好选择。

微信社群营销的方式多种多样，已经非常成熟。以下是从企业微信的发展趋势中总结出的企业微信社群营销应该把握的 3 个关键点。

（1）充分使用社群管理功能。

企业微信自带的社群管理功能，包含新人欢迎、消息群发、防止广告等，企业还可以统一在聊天栏配置员工需要的商品素材、话术等，为社群的人性化和规范化助力。

如何快速促活来之不易的新用户？例如，在某用户刚刚添加员工的企业微信时，就用自动回复引导其进入社群，进入社群后立即触发针对新人的欢迎语，并提供新人活动商品，如图 3-11 所示。这样能够及时激活用户，还可能完成转化。

图 3-11　针对新人进群的营销场景

（2）外接必要的营销工具。

2020年，企业微信开放了500多个接口，合作伙伴有8万家[1]；企业在企业微信中可以找到适合自己的第三方服务商，比如用户画像和自动化营销工具，提升社群营销的精准性和效率。

如何提高社群营销精准性？可接入企业微信客情卡，了解每个用户的客情关系、沟通时段偏好，及其在公众号、小程序、App 中的活跃度、消费等类型标签，如图 3-12 所示。然后邀请有共性或能够相互起正向影响的用户入群，建立"特惠闪购""高品质内购"等微信群，让社群营销更精准、转化更高效。

图 3-12　客情卡的用户全域标签

---

1　企业微信 2020 年度大会。

（3）与小程序等其他运营联动。

企业微信可以与个人微信无缝衔接。在微信群促活用户之后，可以将用户引流至小程序进行转化，实现流量变现。

微信群如何实现最终变现？以一款美妆气垫为例，在微信群用文案"拥有轻薄雾感美肌"和使用前后的图片宣传该产品，吸引用户的关注，随即发出小程序购买链接，让已被吸引的用户可以便捷下单，轻松完成变现，如图3-13所示。

图3-13　微信群引流至小程序进行转化

总而言之，微信群的本质是一个私域流量池，基于用户画像的精准营销和精细化运营，能更有效地帮助企业实现用户复购、消费品类延展和培养用户忠诚。

## 2. 公众号：订阅号以优质内容为主，服务号以个性化服务为主

公众号分为订阅号和服务号。公众号的核心场景聚焦品牌建设、内容营销和用户服务，既可以是承载消费落地的前置环节，也可以是承接消费落地后的售后环节。这两类公众号的用户营销触点和等级如表3-3所示。客服消息为企业提供了能够较高频次主动触达用户的"黄金48小时"，企业结合有效的策略能够实现触达目标。

从微信官方对订阅号、服务号的相关说明和功能支持，可以总结出订阅号、服务号的定位和运营关键点。订阅号主要偏向为用户传达资讯，每天可群发一条消息，既适用于企业又适用于个人。服务号主要偏向服务交互，每个月可发4条消息，仅适用于企业。因此，企业可以进行双号（订阅号、服务号）运营。订阅号侧重于品牌的价值传播，服务号侧重于用户的个性化服务。

**表3-3 公众号的用户营销触点和等级**

| 排序 | 营销触点 | 触点等级 | 评估维度 | | | | 使用场景 |
|---|---|---|---|---|---|---|---|
| | | | 频次 | 展现深度 | 开放程度 | 精准性 | |
| 1 | 模板消息 | 九级 | 不限 | 固定样式，对话框中显示 | 通过接口实现自动化 | 通过接口实现个性化 | 主要用于服务类通知 |
| 2 | 客服消息 | 七级 | 收到用户消息1分钟内可下发3条 | 文字/图文/图片等，对话框中显示 | 通过接口实现自动化 | 通过接口实现个性化 | 用于促活、客服等 |
| 3 | 群发消息 | 七级 | 订阅号为每天1条，服务号为每月4条 | 文字/图文/图片等，对话框中显示 | 通过接口实现自动化 | 全量触达关注的用户 | 用于内容营销 |
| 4 | 订阅通知 | 七级 | 用户主动订阅 | 固定样式，服务通知中显示 | 通过接口实现自动化 | 基于订阅行为的触达 | 用于通知，例如物流到货等 |
| 5 | 自动回复 | 六级 | 用户关注/发送消息后触发 | 以文字为主，对话框中显示 | 通过接口实现自动化 | 基于某些行为的回复 | 用于促活、服务等 |
| 6 | 自定义菜单 | 六级 | 用户主动进入公众号 | 固定样式，显示在输入框上面 | 通过接口实现自动化 | 通过接口实现个性化 | 用于促活、个性化服务等 |
| 7 | 品牌搜索 | 四级 | 用户主动搜索 | 品牌可以自行配置，外观显眼 | 手动操作，无接口 | 基于主动搜索行为的触达 | 用于品牌曝光 |
| 8 | 看一看 | 四级 | 用户的好友点击后 | 固定样式，显示在"看一看"里 | 无接口 | 基于好友行为的触达 | 用于增加曝光 |

订阅号的消息不会直接显示在对话列表中，而是统一收在订阅号文件夹中，且对高级接口的支持能力有限。近年来，订阅号图文消息的内容形式受到短视频的冲击，面临总体打开率低、内容质量下降的困境；微信官方出台了许多保护和鼓励内容创作者的政策，新的推荐机制也无意中加大了企业的运营难度。

因此，企业对订阅号的运营要以原创优质内容为导向，把握微信官方推荐规则，才能获得更多的曝光和流量：①阅读效率优化，文章排列顺序会根据订阅号的优质程度、用户对订阅号的喜爱程度和群发文章的内容质量等综合因素动态变化，用户及其好友经常阅读的订阅号会在顶端展现，如图3-14（a）所示；②文章底部的"好看"被用户点击后，该文章会出现在"看一看"的信息流中，如图3-14（b）所示；③文章底部的"相关阅读"功能会进行灰度测试，内容具有一定相关性且优质的文章会更有机会出现在"相关阅读"模块。

服务号的消息可以直接显示在对话列表中。同时，服务号对高级接口的支持能力强，可以二次开发更多优质功能。由此看来，企业应该重视对服务号的运营，基于用户的行为和特点，使用服务号的功能为用户提供个性化服务，增强用户对品牌的认可，以此提升用户黏性和用户生命周期价值（LTV）。

（a）　　　　　　　　（b）

图 3-14　微信的"朋友在看"

（1）使用客服消息进行有效互动。

当用户和服务号产生特定动作的交互时（如关注服务号、点击自定义菜单等），企业可以在48小时内通过客服消息向用户推送多条信息。客服消息功能为企业提供了可以多次主动触达用户的机会，企业应该把握机会，在不同时间推送差异化内容，提升互动的有效性。

如何有效促活用户？在用户刚刚关注时，发送欢迎消息和新人活动，吸引用户参与；若用户关注了24小时仍未参与活动，则配合该活动提醒用户领取优惠卡券，再次促活用户；若用户关注了24～48小时还未转化，推送一对一（1V1）客服，进一步加强与用户的接触，如图3-15所示。

（2）借力模板消息推动用户生命周期进程。

微信官方为服务号提供了多种模板消息类型，用于向用户发送与服务场景相关的服务通知，能够直接触达用户且不占用群发次数。企业可以借力各类模板消息，例如"积分提醒""激活成功通知"等，实现在不同的营销场景下推动用户生命周期进程。目前，由于微信对模板消息的监管力度增大，一些有着明显营销性的模板消息已经不允许再发送，因此企业在使用过程中需要特别注意。

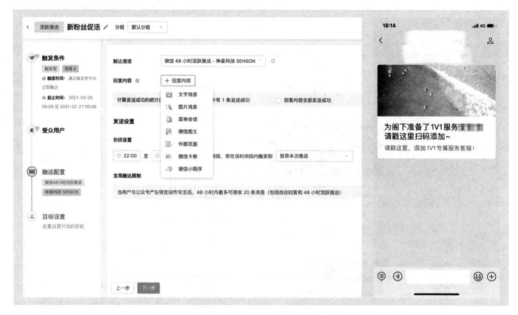

图 3-15　通过客服消息向用户推送一对一客服

如何推动用户变现？例如，在新年前夕，使用"激活成功通知"的模板消息为用户送上心意券礼包，从而吸引用户点击进入小程序点单，推动用户用一杯咖啡开启新年，如图 3-16 所示。

图 3-16　借助模板消息为用户送好礼

（3）提供个性化的自定义菜单。

企业可以通过自定义菜单，给用户提供自主选择的空间和丰富的内容。微信官方为了帮助公众号实现灵活的业务运营，新增了个性化菜单接口，让不同用户群体看到不一样的自定义菜单。企业可以根据用户标签、性别、手机操作系统、地区或语言，为用户提供个性化的自定义菜单。

如何实现产品的交叉销售？例如，企业可以借助营销工具，让标签为"贷款业务"用户的自定义菜单展示理财和保险产品，潜移默化地影响用户，并将用户的相关行为用标签记录。假设用户单击"理财"按钮，选择里面的"股票"选项，就会自动被打上"理财 - 股票潜客"的标签，这有助于企业后期跟进，如图 3-17 所示。

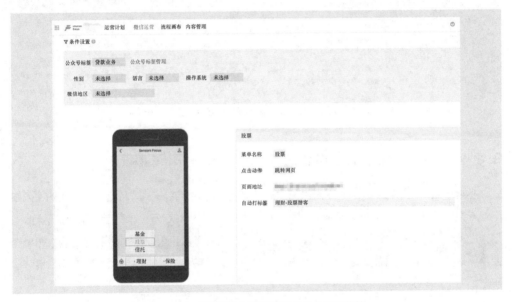

图 3-17　根据用户标签设置服务号自定义菜单

微信搜一搜主要承接用户的主动搜索行为。微信官方开放的品牌区，可以让企业获得稳定的官方触达路径，自定义官方账号、商品和服务的展示方式，如图 3-18 所示。获得商标保护及非金融、医疗行业的企业可开通品牌搜索功能；不同公众号拥有相同商标时，优先认证服务号。符合条件的企业可以接入品牌搜索功能，以便前置性地触达用户，并以独特的外显样式塑造品牌。在接入品牌区之后，企业在服务词或者商品词的搜索结果页也有展现机会，可获取更多潜在流量。

总而言之，公众号在用户心智培养和服务用户方面起着重要的作用。企业通过订阅号、服务号双号运营，既可以进行品牌建设，提升用户认知和兴趣；又可以提供营销服务，实现用户付费和培养用户忠诚。

图 3-18    微信品牌搜索的展示方式

### 3. 小程序："避重就轻"，立足场景的定位，强化数据分析和场景构建

小程序是 2020 年及未来短期内微信生态最为重要的平台之一，其商业化逐渐成熟，入口不断丰富，开发包稳步扩充。目前，小程序的总量已经超过 430 万个，日活跃用户数达到 4.1 亿人以上。[1]结合微信支付与企业微信，小程序让企业有了真正可以落地消费的场景。如果企业希望形成完整的私域流量闭环，小程序是不二之选。小程序的用户营销触点和等级如表 3-4 所示。

在小程序推出伊始，微信官方对小程序的定位是无须安装、触手可及、用完即走、无须卸载，希望小程序能够为用户提供即时的服务，而非长期的沉浸与体验。小程序发展至今，微信官方为小程序开放了众多的流量入口，也提供了一些主动触达用户的方式，为小程序的商业化发展提供了更多支撑。因此，小程序是企业需要格外重视的营销平台。

企业在搭建小程序的时候就要立足"避重就轻"，立足场景的定位，充分发挥小程序的轻量化优势。轻量化、场景化、社交化，是小程序"天生"的三大特征。小程序更注重场景化的成交，并以明确的信息传递为基础。以轻量化的功能架构，洞察用户行为特征，并与消费场景（如直播、内容营销、会员营销）和主动触达（如订阅消息、弹窗）协同，是小程序运营的关键。

---

1    腾讯 2020 年中期财务报告。

### 表3-4　小程序的用户营销触点和等级

| 排序 | 营销触点 | 触点等级 | 评估维度 | | | | 使用场景 |
|---|---|---|---|---|---|---|---|
| | | | 频次 | 展现深度 | 开放程度 | 精准性 | |
| 1 | 弹窗 | 九级 | 不限 | 图片/图片按钮，实时弹出 | 通过接口实现自动化 | 通过接口实现个性化 | 主要用于活动类营销 |
| 2 | 直播 | 八级 | 不限 | 小程序直播间，全屏 | 手动操作为主 | 基于订阅行为下发开播提醒 | 主要用于直播"带货" |
| 3 | 短信 | 七级 | 用户主动打开短信并点击链接 | 文字为主，短信中显示 | 通过接口实现自动化 | 通过接口实现个性化 | 用于短信营销 |
| 4 | 订阅消息 | 七级 | 用户主动订阅 | 固定样式，服务通知中显示 | 通过接口实现自动化 | 基于订阅行为的触达 | 用于通知，例如取餐提醒等 |
| 5 | 客服消息 | 六级 | 用户主动发送消息后，48小时内可发送5条 | 文字为主，小程序客服中显示 | 手动回复为主 | 回复给特定用户 | 用于售前、售后服务 |
| 6 | 分享到朋友圈/个人/微信群 | 四级 | 用户主动分享 | 固定样式，朋友圈/对话框中显示 | 用户手动分享 | 基于好友行为的触达 | 用于分享裂变 |
| 7 | 我的小程序消息 | 二级 | 用户主动添加 | 文字为主 | 无接口 | 基于主动添加行为的触达 | 用于服务通知 |

（1）重视小程序的流量转化。

流量来源的分析、经营商品的选择、消费场景和转化节点的设计、用户营销触点的优化等，对于提升小程序的流量转化效果尤为重要。

微信官方虽然为小程序提供了一些统计数据，但是企业通过这些数据仅能看到访问人数、用户性别、年龄分布等信息，对于企业运营小程序的指导意义有限。然而，在没有数据支撑的情况下，盲目开发功能为小程序加码，往往事倍功半。因此，企业可以通过小程序软件开发工具包（Software Development Kit，SDK）获取更细粒度的数据，进一步洞察用户的特征和需求；在用户处于品牌认知、购买转化、分享等不同阶段时，分别提供个性化的内容和服务，这样才能让小程序更大程度地发挥价值。

如何高效开展小程序拼团活动？企业可以通过分析各类商品拼团的参与次数、分享次数、销售额等数据，快速发现用户感兴趣的拼团商品；还可以通过参与拼团用户的画像分析，挖掘拼团KOC，进一步提升拼团活动效果。图3-19所示为小程序裂变活动看板。

（2）结合热门的直播场景。

在直播成为风潮的当下，微信官方也为小程序提供了直播组件，让小程序有了直播场景，大大提升了其变现能力。不论是"带货"直播、课程直播，还是生活服务类直播，不同类型的企业都可以找到适合自身业务的直播内容；企业可以结合抽奖、评论互动、好友分享等方式，提升直播的趣味性和传播性。

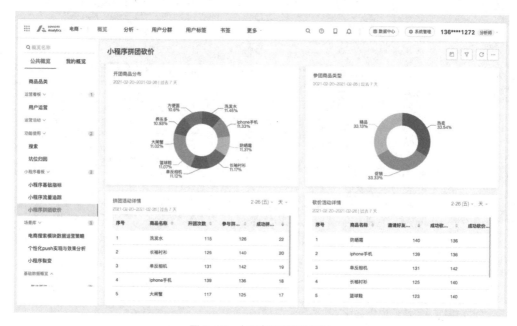

图 3-19　小程序裂变活动看板

企业可以在小程序页面设置明显的直播入口，吸引用户进入。倘若直播正在进行，用户可以同步观看直播；倘若直播还未开始，用户则可以订阅直播。企业在开播之时可通过微信服务通知下发提醒，以便用户一键进入直播间。小程序直播及开播提醒界面如图 3-20 所示。

图 3-20　小程序直播及开播提醒界面

（3）选择合适的用户营销触点。

表 3-4 盘点了小程序中的各类营销触点，从频次、展现深度、开放程度和精准性等方面综合考虑来看，弹窗是值得重视的用户营销触点。

小程序中的弹窗是一种实时的营销触点，是指在用户刚刚进入小程序或者打开小程序的某个页面时，让重要的营销活动有冲击力地展现在用户面前，并引导用户的下一步动作。企业可以使用营销工具，通过设置触发条件，向不同类型的用户推送不同的营销活动弹窗，增强触达的实时性和提高推送的精准性。

如何有效促活用户？例如：用户启动小程序，进入首页即可收到"送你 330 元红包"的弹窗；企业为用户提供"满 39 元减 20 元"等优惠券，且设置 4 天有效期。小程序弹窗触达如图 3-21 所示。弹窗相较于 Banner（横幅广告）或者其他栏位更有吸引力和冲击力，能有效促使用户浏览商品。

图 3-21　小程序弹窗触达

## 4. 视频号：抓住流量红利期，充分借力社交分发

视频号是微信生态最值得期待的方向之一，正式上线不到半年的时间，其日活跃用户数就超过 2 亿人；同样是实现日活跃用户数超过 2 亿人，快手用了 5 年，抖音用了 2 年，可见视频号的用户增速迅猛、不容小觑。背靠微信生态，视频号在社交分发方面具有强大的优势；用户黏性强、广告收入高的短视频类应用的特点在视频号上也有所体现。

目前，视频号处于发展阶段，微信官方正在不断增加对视频号各类功能的支持，诸多场景正在快速落地。例如，微信官方在个人信息页面增加了微信豆，用于用户在视频号直播中购买虚拟礼物；视频号在打通公众号、小程序、个人微信之后，也打通了企业微信；此外，微信官方还开通了视频号的付费推广，企业可以通过朋友圈广告等形式推广视频号内容和直播间，以此增加曝光率、增长粉丝和加速变现。视频号的用户营销触点和等级如表 3-5 所示。

**表3-5　视频号的用户营销触点和等级**

| 排序 | 营销触点 | 触点等级 | 评估维度 | | | | 使用场景 |
|---|---|---|---|---|---|---|---|
| | | | 频次 | 展现深度 | 开放程度 | 精准性 | |
| 1 | 直播 | 七级 | 不限 | 全屏 | 手动操作为主 | 关注主播可下发开播提醒 | 用于课程、品牌活动类的直播 |
| 2 | 朋友点赞 | 四级 | 用户主动点赞 | 在"朋友"栏下 | 无接口 | 基于好友行为的触达 | 用于增加曝光 |
| 3 | 分享到朋友圈/个人/微信群 | 四级 | 用户主动分析 | 固定样式，朋友圈/对话框显示 | 用户手动分享 | 基于好友行为的触达 | 用于分享裂变 |
| 4 | 推荐 | 三级 | 基于平台算法 | 在"推荐"栏下 | 无接口 | 基于算法的用户触达 | 平台的算法推荐 |
| 5 | 发布视频 | 三级 | 不限 | 在"关注"栏下 | 手动操作 | 全量触达 | 用于视频的更新 |
| 6 | 看一看 | 三级 | 基于平台热点 | 固定样式，固定位置 | 无接口 | 部分用户 | 平台的热点推荐 |

从表 3-5 中可以看出，除了其他短视频平台常见的算法推荐之外，点赞、分享和推荐是视频号独有的优势模式。用户进入视频号，优先看到的是"朋友点赞"的短视频；用户进入"附近的人""直播"，优先看到的也是朋友在看或看过的直播内容，如图 3-22 所示。因此，企业在运营视频号的时候，在保证内容原创优质的同时，还要充分利用社交分发，引导企业的员工点赞，并辐射至企业员工的朋友圈，通过朋友之间的社交传播形成影响力。

图 3-22　视频号的"朋友点赞"和"直播"的"朋友在看"页面

当然，企业若想基于微信生态建立一个完整的营销系统，需要微信群、公众号、小程序、视频号等多平台的联动；在实现多端数据打通后，微信生态对企业的赋能效果还会更上一层楼。微信生态各构成的营销触点和触达等级评分如表3-6所示。

**表3-6 微信生态各构成的营销触点和触达等级评分**

| 微信生态构成 | 营销触点 | 触达等级评分 | | | | | 规则 |
| --- | --- | --- | --- | --- | --- | --- | --- |
| | | 总计 | 频次 15% | 展现深度 25% | 开放程度 25% | 精准性 35% | |
| 微信群（个人/企业） | 消息（图文/语音等） | 61 | 100 | 75 | 75 | 25 | 个人微信群对营销的限制很严格，容易被封，不宜一直推送广告；企业微信群支持用欢迎语进行自动触达，支持用快捷回复提升应答效率 |
| | 群直播 | 49 | 100 | 50 | 50 | 25 | 个人微信群灰度测试中；企业微信群已正式上线，企业微信成员可发起直播，支持推流、分享等，可借助工具添加商品和下单 |
| | 群待办 | 43 | 100 | 50 | 25 | 25 | 仅个人微信群有该功能；由群主/群管理员设置，消息类型仅限于小程序和群公告 |
| | 群接龙 | 43 | 100 | 50 | 25 | 25 | 个人微信号可以发起群接龙，企业微信号无法查看接龙信息 |
| | 红包 | 39 | 75 | 50 | 25 | 25 | 个人微信群和企业微信群都支持该功能；单个红包金额上限为200元，一次最多可发送100个红包 |
| | 会议 | 36 | 100 | 25 | 25 | 25 | 仅企业微信群有该功能，可以添加个人微信号参会 |
| | 语音通话 | 31 | 50 | 25 | 0 | 50 | 个人微信号可以选择企业微信号进行语音通话，企业微信号无法选择个人微信号进行语音通话 |
| 公众号（订阅号/服务号） | 客服消息 | 90 | 75 | 75 | 100 | 100 | 在用户发消息/点击自定义菜单/关注/扫码/支付等行为后的48小时内，公众号可以给用户发送不限数量的消息，主要用于客服场景 |
| | 模板消息 | 88 | 100 | 50 | 100 | 100 | 仅认证的服务号支持。用特定内容模板主动向用户发送消息，经过用户同意或用户有触发行为才能下发 |
| | 群发消息 | 63 | 50 | 75 | 75 | 50 | 以一定频次（订阅号为每天1条，服务号为每月4条）向用户群发消息，包括文字消息、图文消息、图片、视频、语音等 |
| | 订阅通知 | 61 | 25 | 50 | 75 | 75 | 仅服务号支持。用户在主动订阅后，对已关注服务号的用户通知下发到号内，未关注的下发到服务通知 |

续表

| 微信生态构成 | 营销触点 | 触达等级评分 | | | | | 规则 |
|---|---|---|---|---|---|---|---|
| | | 总计 | 频次 15% | 展现深度 25% | 开放程度 25% | 精准性 35% | |
| 公众号（订阅号/服务号） | 自动回复 | 59 | 25 | 50 | 100 | 50 | 包括关注后自动回复、消息自动回复（60分钟内触发一次）、关键词自动回复 |
| | 自定义菜单 | 58 | 0 | 25 | 100 | 75 | 可以通过接口，让公众号的不同用户群体看到不一样的自定义菜单 |
| | 品牌搜索 | 36 | 0 | 75 | 0 | 50 | 用户进入搜一搜或小程序，主动搜索品牌名称，便可直达该品牌官方区和微主页（非金融、医疗行业的商家可以开通品牌搜索） |
| | 看一看 | 34 | 25 | 50 | 0 | 50 | 用户好友点击的"好看"中的公众号文章，都会出现在看一看里 |
| 小程序 | 弹窗 | 88 | 100 | 50 | 100 | 100 | 用户主动启动或进入小程序的某个页面时触发弹窗，点击后可跳转自定义链接 |
| | 直播 | 73 | 100 | 75 | 50 | 75 | 用户可对一场未开播的直播进行单次订阅，开播时会在服务通知中下发开播提醒给用户 |
| | 短信 | 64 | 25 | 25 | 75 | 100 | 用户主动打开短信中的静态网站链接，可一键跳转至小程序 |
| | 订阅消息 | 61 | 25 | 50 | 75 | 75 | 用户主动订阅才能触达，通过服务通知推送；包括一次性订阅和长期订阅两种，一次性订阅可下发一条消息，长期订阅可长期下发多条消息 |
| | 客服消息 | 55 | 50 | 25 | 25 | 100 | 当用户给小程序客服发送消息后，企业可以在48小时内，通过小程序客服给用户发送5条消息 |
| | 分享到朋友圈/个人/微信群 | 34 | 25 | 50 | 0 | 50 | 用户主动操作，小程序页面默认不可被分享到朋友圈，开发者需主动设置 |
| | 我的小程序消息 | 19 | 25 | 25 | 0 | 25 | 仅支持Android用户，向将小程序添加到"我的小程序"的用户发消息，一周1次 |
| 视频号 | 直播 | 66 | 100 | 75 | 25 | 75 | 在服务通知中会给用户推送关注主播的开播提醒，优先推荐好友在观看的直播 |
| | 朋友点赞 | 40 | 25 | 75 | 0 | 50 | 用户的朋友点赞后，该用户可在朋友点赞栏下看到视频内容 |

续表

| 微信生态构成 | 营销触点 | 触达等级评分 | | | | | 规则 |
|---|---|---|---|---|---|---|---|
| | | 总计 | 频次 15% | 展现深度 25% | 开放程度 25% | 精准性 35% | |
| 视频号 | 分享到朋友圈/个人/微信群 | 34 | 25 | 50 | 0 | 50 | 用户主动操作 |
| | 推荐 | 30 | 0 | 50 | 0 | 50 | 微信视频号通过算法为用户推荐视频 |
| | 视频发布 | 28 | 100 | 50 | 0 | 0 | 用户主动关注后，可查看视频更新内容 |
| | 看一看 | 21 | 0 | 50 | 0 | 25 | 在热点广场可以看到热点视频 |

### 3.3.3 微信生态流量转换

微信生态不仅是典型的私域流量池，而且具有丰富的构成和用户营销触点，是社会化营销的重要阵地。企业借助微信生态平台的营销，应该在聚焦私域本身的同时，注重公域与私域流量之间的联动，实现既能不浪费流量，又能有效获取高质量流量的目标。

基于此，笔者提炼出微信生态社会化营销方法论，主要包含公域转私域、私域闭环营销和私域赋能公域 3 个部分，如图 3-23 所示。

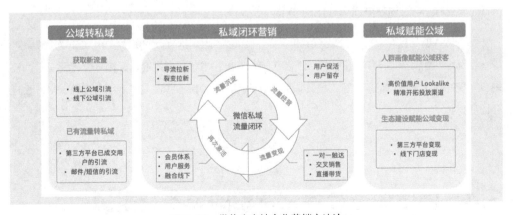

图 3-23　微信生态社会化营销方法论

### 1. 公域转私域：将公域的新流量和已有流量都转入私域流量池

除了付费投放之外，企业公域的流量主要分为免费获取的新流量和已有流量两种。新流量多来源于公域平台曝光和算法推荐，或者线下推广带来的自然流量，已有流量多来源于公域平台已转化、已留存的流量。企业需要为公域流量设计转入微信生态的路径，例如通过平台私信、邮件、短信、线下物料等方式，将其吸引至微信生态的公众号、小程序或企业微信。

将公域平台的流量转入微信生态私域流量池，有助于用户被多次触达和激活，从而让企业掌握营销主动权。

**2. 私域闭环营销：紧扣用户生命周期，实现流量转化复购的闭环**

私域流量的闭环与用户生命周期管理息息相关。用户生命周期的有效环节主要是潜在用户—新用户—活跃用户—转化用户，在这个过程中，随时存在用户流失和被召回的情况。此外，在活跃用户和转化用户中，能够有超级用户脱颖而出；在转化用户中，也会出现消费总金额高的高价值用户。

在用户生命周期的各个关键节点，通过不同营销触点和内容对用户产生影响，引导用户向转化和高价值的方向迁移，是实现营销闭环的重要思路。结合用户生命周期，私域闭环营销主要包括 4 个环节：流量沉淀、流量经营、流量变现、再次激活。

**3. 私域赋能公域：私域生态建设和人群画像，赋能公域的变现和获客**

目前而言，公域平台仍占极大比例：一部分是以电商平台、媒体平台、社交平台等为代表的线上公域，另一部分是以商超（指商场里面的超级超市）、百货商店、便利店为代表的线下公域。因此，私域除了完成流量变现，对公域的赋能也尤为重要。

私域的人群画像可以指导公域的精准获客，例如高价值用户 Lookalike、精准开拓投放渠道等，可筛选匹配目标用户群体的渠道和广告位，为实施投放策略做足准备，提升公域获客的质与量。私域的品牌营销对用户心智的培养，可以促使用户在公域的线上或线下平台完成转化，赋能公域变现。

# 3.4  微信生态社会化营销的场景及案例

## 📦 3.4.1 公域转私域

企业将流量从公域转入私域，主要有两大典型场景：一是将公域免费新流量（如线上公域平台的曝光、线下公域的客流）引流至微信生态，二是将已转化的公域流量（如在线上第三方平台完成购买的用户）引流至微信生态。

# 将公域免费新流量引流至微信生态

线上公域的平台曝光和算法推荐，以及线下公域的客流，都是免费新流量的来源。商家应该抓住这些来之不易的机会，根据不同平台的特点设计相应的内容和引流路径，将公域流量沉淀至微信生态，为释放更大的价值奠定基础。

## 案例1：从公域短视频平台到微信群

大多数线上平台会对优质且垂直的内容进行一些流量曝光，但对用户跳转或者二维码曝光都有一定限制。商家可以在主页简介、私信、评论等位置露出微信生态账号信息；跨平台的引流不算顺畅，商家优化用户到达微信生态的路径引导能通过小程序、企业微信等，一步步牵引用户进入粉丝微信群，如图3-24所示。

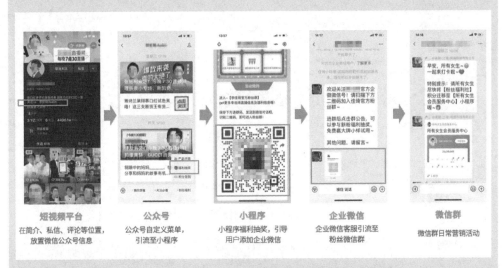

图3-24　线上公域向微信生态引流

## 📦 案例2：从线下门店到微信群

有线下布局的商家可以结合业态特点，将线下公域流量引流至微信生态。例如，餐饮类商家在线下门店放置自助点餐二维码，引导用户至小程序下单，便可将客户引流至微信生态；由于小程序具有无法被用户关注、即用即走的特点，商家可以在小程序页面露出企业微信二维码，将用户圈至微信群进行运营，如图3-25所示。

图3-25　线下公域向微信生态引流

典型
场景

# 将已转化的公域流量引流至微信生态

除了公域新流量，商家还有一些已转化的公域流量散落在各个平台，例如，有些用户在第三方平台完成了购买，有些用户在线下活动登记了基本信息等。商家可以将这些已有公域流量转到微信生态，以便进行后续的营销或服务。

## 📦 案例1：售后卡/产品包装盒—公众号

针对在第三方平台下单的用户，商家可以将发货时附带的售后卡、产品包装盒等作为载体，在其上附上公众号二维码，引导用户扫码领取福利或者查询真伪，以此将用户引流至微信公众号，如图3-26所示。

图 3-26　通过售后卡 / 产品包装盒二维码引流至微信公众号

## 案例2：短信—小程序

针对第三方平台成交的有手机号码等基本信息的用户，商家可以采用短信唤醒小程序的方式，通过短信触达用户，用户点击短信内容的链接可以进入小程序，如图3-27所示。

图 3-27　短信引流至小程序

### 3.4.2　私域闭环营销

企业的私域闭环营销的 4 个环节是"流量沉淀—流量经营—流量变现—再次激活"。其中，流量沉淀有导流和裂变两类典型场景，流量经营主要是用户的促活和留存，流量变现有一对一触达、产品交叉销售、直播变现 3 类典型场景，再次激活有会员体系建设、结合行业场景、线上线下联动 3 类典型场景。

**典型 场景**

## 流量沉淀——导流拉新，沉淀微信私域流量池

微信生态各构成的联动性强，能够为彼此提供流量入口。其中，企业微信、微信群和公众号的互动性强、触达形式多样，更加适合进行流量的沉淀。因此，微信生态内的小程序、视频号等可以通过导流拉新，最终将用户沉淀至公众号、企业微信和微信群。

### 案例 1：视频号—公众号—企业微信/微信群

视频号发布视频的时候，可以附上公众号相关文章的链接，为公众号导流。公众号则可以通过自定义菜单、图文内容和自动回复等方式，推送企业微信/微信群的二维码，将用户引流至微信群，如图 3-28 所示。

视频号　　　　　　　　　　　　　　　公众号

视频号发布视频的文案中，附公众号文章链接　　　公众号自定义菜单栏，附加入社群提示

图 3-28　视频号向公众号导流

### 案例2：小程序—企业微信/公众号

小程序处于重要资源位，可以与公众号、企业微信进行关联直接跳转公众号文章，或者通过小程序客服推送公众号或企业微信二维码，将用户向公众号和企业微信导流，如图3-29所示。

| 小程序 | 企业微信 |
| --- | --- |
| 点击小程序运营位后，小程序客服自动推送二维码 | 识别二维码，添加企业微信，还可以进一步加入微信群 |

图 3-29　小程序向企业微信 / 微信群导流

典型
场景

## 流量沉淀——裂变拉新，扩大微信私域流量池

微信生态的强社交属性为裂变拉新提供了天然的土壤，小程序、微信群、公众号等微信生态构成都可以承接裂变活动；通过用户裂变拉新，可以快速扩大微信私域流量池。商家在设计裂变活动的时候，应该选择合适的微信生态构成去承接裂变场景，明确能够给用户带来的价值，以此增强用户的分享意愿。

### 案例1：小程序裂变

小程序能够支持的功能灵活多样，可以自动化地执行多种裂变活动。

通过小程序开展分享有礼活动，如图3-30所示。用户分享活动给一定数量的好友，让好友助力，可以获得礼品；助力的好友也可能对该活动产生兴趣，自主进行下一轮分享。

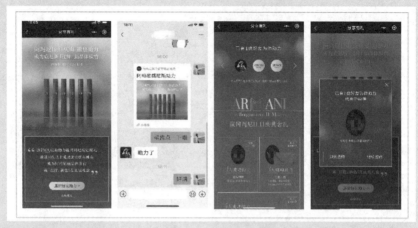

图 3-30　小程序的分享有礼活动

　　小游戏类型的小程序，支持设置与游戏相关的分享场景，如图3-31所示。用户通过邀请好友，可以获得游戏相关的生命值、补给等各类奖励，也可以借此拉好友加入小游戏，扩大裂变范围。

图 3-31　小游戏邀请好友

　　另外，小程序还支持一键生成海报的功能，为用户分享至朋友圈提供素材，助力商家实现朋友圈裂变，如图3-32所示。鞋服行业的商品讲究搭配，而小程序支持用户分享搭配，且支持一键生成海报分享至朋友圈。对用户来说，这是其审美态度的一种表达，可以唤起其他人的情感共鸣以强化其参与裂变的意愿。

图 3-32　小程序一键生成海报

## 🎁 案例2：微信群裂变

商家基于微信群可以开展老带新的裂变活动，如图3-33所示。商家可以让老用户邀请好友入群，在微信群内部组成3人或5人小团，可以获得小礼品，被该用户拉入群的新用户也可以获得商品的优惠券；后期可以配合开展一些针对性活动，不断激活裂变活动组成的3人或5人小团。

图 3-33　老带新入群的裂变活动

商家还可以准备海报等素材，让用户分享至朋友圈或者分享给好友进行裂变。用户将海报分享至朋友圈集赞，就可以获得折扣和福利，如图3-34所示。当然，如果通过营销工具给海报添加可追踪二维码，既可以自动实现裂变，又可以追踪裂变结果，挖掘高裂变意向的用户的特征，让裂变更高效。

图 3-34　微信群海报集赞

## 流量经营——用户促活和留存，化流量为留量

结合微信各构成的特点，商家可以通过各种活动或内容（比如，微信群互动性强的话题和活动，小程序的新玩法，公众号的有奖互动、换购活动、干货等）持续激发用户的兴趣和新鲜感，以此促活用户、留住用户、增强用户黏性。

### 📦 案例1：微信群互动促活

商家在微信群运营的时候，可以定期设计一些与商品或行业结合度高的互动话题，比如美妆商家的"如何科学卸妆"、宠物用品商家的"如何给狗狗做驱虫"等，由几个工作人员带动互动，营造交流氛围，提升微信群的日常活跃度，如图3-35所示。

当然，除了互动话题，有奖互动活动也能够提升用户的参与度和活跃度。某宠物用品商家在微信群中鼓励用户晒出萌宠照片，每10个用户晒图就在微信群发红包或者抽奖，如

图3-36所示。这样的活动不仅让用户愿意参加互动，还会出现活跃者主动邀请其他用户共同参与的情况。

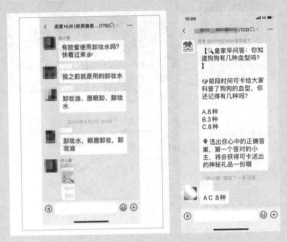

图 3-35　微信群的互动交流话题

图 3-36　通过晒宠物照片参与抽奖活动

## 案例2：小程序的新玩法和互动社区

　　商家的小程序可以结合新技术、新玩法，为用户带来新鲜感。比如，美妆商家的AR试妆可以让用户开启前置摄像头或者上传照片，从而看到效果，完成线上试色，如图3-37所示。再如，小程序礼品卡可以给用户提供礼品卡送给好友，为用户带来新鲜感。

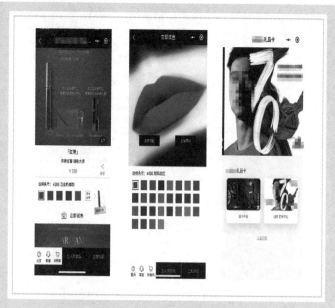

图 3-37　小程序 AR 试妆

此外，商家可以打造小程序的互动社区，供用户晒图、晒单、发表使用测评等，通过内容的发表、评论、点赞等互动（见图3-38），提升用户活跃度和留存率。

图 3-38　小程序的互动社区

### 🔹 案例3：公众号的留言互动和干货

商家可以在公众号的推文中设计一些有奖互动，增加文章的打开率和留言量；还可以增加推文中的纯干货，提升用户的阅读兴趣。这些措施可使公众号被保留在用户的关注列表中。公众号的干货和有奖留言如图3-39所示。

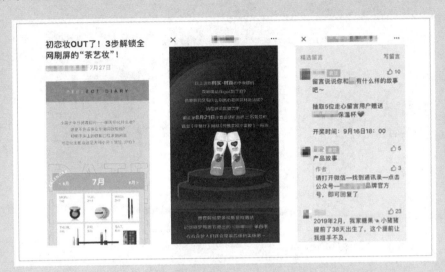

图3-39　公众号的干货和有奖留言

典型<br>场景

## 流量变现——定向触达，打通变现"最后一千米"

商家通过定向的主动触达给用户推荐产品、发送优惠券等，并适当营造紧张的气氛，推动流量变现。

### 🔹 案例1：微信群＋小程序的促销活动

"6·18""双11"等全民性促销活动是商家需要着重把握的时机。商家可以通过微信群与小程序的联动，提高兴趣人群的购买转化率，从而提高运营效率。

前期，商家通过微信群提前推荐产品，并透露专属群聊福利正在筹备中；通过小程序提前宣传促销活动的玩法，从而激起用户兴趣，盘活用户。中期，商家通过微信群公布专属群聊福利，配合小程序的直播进一步宣传产品。后期，商家通过小程序直播、微信群专属券的发放、晒单有礼活动的举办，促进用户下单转化。商家促销活动示例如图3-40所示。

图 3-40　商家促销活动

此外，日常的限时促销也可以推动用户转化。商家的工作人员可以通过企业微信，一对一或按照标签分组，给用户推送限时的促销活动，将用户吸引至微信群。商家通过微信群的互动、优惠价格的吸引力和活动时间的紧迫性（见图3-41），让用户之间相互带动，推动交易的完成。

图 3-41　一对一推荐闪购活动

### 案例2：微信支付的优惠券到期提醒

商家在发送优惠券时，可设置有效期限，让用户直接领取至微信卡包。在优惠券过期前3天，微信支付会给用户推送一条提醒，直接触达用户，如图3-42所示。优惠券的吸引力和即将到期的紧迫性，有助于推动用户完成转化。

图 3-42　优惠券到期提醒

### 案例3：服务通知的待支付提醒

商家通过服务通知可以向提交订单没有支付的用户，或者交了定金应该付尾款的用户，推送待支付提醒，推动成交转化，如图3-43所示。

### 案例4：小程序弹窗触达

商家可以通过朋友圈的图文、小程序弹窗、公众号菜单会话等多种方式，对用户进行一对一的触达。如前文所述，商家借助营销工具为小程序设置弹窗（见图3-44），能够根据用户需求提供发券、限时活动等弹窗通知，有利于促成转化，如图3-45所示。

图 3-43　尾款支付提醒

图 3-44　营销工具的小程序弹窗设置

图 3-45　小程序弹窗触达

典型场景

## 流量变现——产品交叉销售，促进消费结构升级

基于用户特点，通过针对性营销，有意识地提高推荐产品的客单价，实现产品的向上销

售和交叉销售，可引导用户的消费升级，提升用户生命周期价值。

## 案例1：主推产品的价格进阶

商家可以根据微信群用户的特征，配合产品的内容营销，尝试进行主推产品的价格进阶。例如，商家的主推产品从单价不到一百元的美妆产品，进阶到单价超过两百元的护肤产品，推荐过程中配合推送一些产品使用的新技术和效果的介绍内容，以此推动产品的向上销售，促进微信群用户的消费升级。通过主推产品的价格进阶实现消费升级的示例如图3-46所示。

图3-46 通过主推产品的价格进阶实现用户的消费升级

## 案例2：异业合作

商家可以结合微信群用户的喜好，与大多数人感兴趣的品牌进行异业合作，可以着重考虑选择单价比自有产品略高的产品。例如，产品均价不足一百元的美妆品牌，与美瞳、直发梳等品牌进行异业合作，将用户消费的产品均价提高到两百元以上，推动消费升级。通过异业合作实现消费升级的示例如图3-47所示。

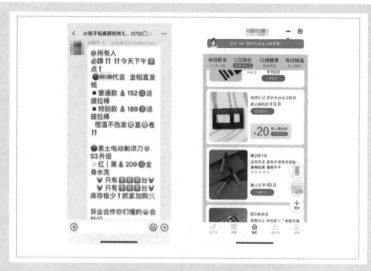

图 3-47　通过异业合作实现消费升级

### 🎁 案例3：产品的个性化推荐和定制化

商家根据用户的特点，可以借助运营工具，在商城类小程序的关键栏位设置产品推荐的规则（见图3-48），为用户推荐其所需的、略高于其平均消费水平的产品，以此逐渐培养用户的消费习惯；还可以为用户提供定制化的产品，促进其消费升级，如图3-49所示。

图 3-48　运营工具关键栏位的产品推荐规则设置

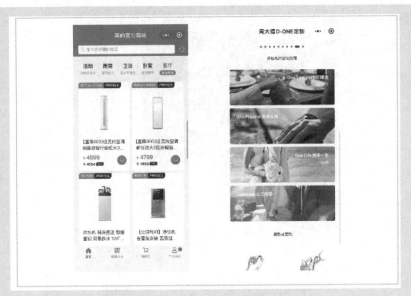

图 3-49　个性化产品推荐和产品定制

**典型场景**

# 流量变现——互动直播"带货"，加快消费品类延展

直播是当下热门的"带货"方式，有着较强的互动性和时效性。主播通过多品类组合推荐，实现交叉品类的推荐和变现。除了第三方电商平台的直播，商家还可以通过小程序直播盘活微信生态的私域流量，配合微信群、公众号的运营，吸引用户观看直播，促进用户消费品类的延展。

## 案例1：公众号与小程序联动，增加直播观看人数

商家在公众号自定义菜单的关键位置，用吸引人的文案提前进行直播的预告，如"直播抽五折券"；用户开启直播提醒，可以在直播前收到服务通知；直播过程中，主播进行有策划的各品类组合推荐，促进用户的多品类消费。图3-50所示为公众号预热+服务通知+小程序直播示例。

图 3-50　公众号预热 + 服务通知 + 小程序直播

## 案例2：微信群与小程序联动，放大直播效果

商家在微信群发布专属微信群的直播预告，提前宣传，并通知群里的用户及时观看直播；将直播过程中的抽奖结果实时公布在微信群中，吸引更多的人观看；用多品类组合的方式销售，比如口红搭配卸妆水有折扣、买口红送卸妆水等，以此促进用户消费品类的延展。图 3-51 所示为微信群预告 + 抽奖互动 + 小程序直播示例。

图 3-51　微信群预告 + 抽奖互动 + 小程序直播

典型场景

# 再次激活——跨平台会员体系打通，提升服务体验

会员体系是培养用户忠诚的重要方式。商家通过建立等级、积分及权益体系，让会员有序进阶、持续被激活，促进转化、复购。

商家自主开发的会员小程序，功能灵活、使用便捷，适用于会员的统一管理。商家可以将微信生态、App、第三方平台、线下门店等平台数据打通，保证用户体验的一致性和友好性；还可以邀请不同等级的会员加入相应的微信群，进行分层的针对性运营，提升用户体验。

## 🔶 案例1：跨平台的统一积分管理

在商家的官网签到领取的积分，能够同步到该商家的会员小程序，如图3-52所示。一些商家的会员小程序支持通过录入或者拍摄交易凭证，对第三方电商平台或者线下门店的订单进行积分。

图3-52　官网签到积分同步至会员小程序

## 🔶 案例2：会员等级管理的微信群

小程序即用即走的特点，使之难以主动触达用户，因此，商家可以邀请相应等级的用户

加入微信群，如图3-53所示。商家可以采用分层运营的策略，在相应的微信群中进行产品售后服务、会员权益兑换的提醒和针对性营销，提升用户的活跃度和复购率。

图 3-53　邀请普卡会员加入普卡福利群

## 再次激活——结合行业特征和使用场景的服务，提供附加价值

商家结合行业特征和使用场景，为用户提供配件、使用记录、行业知识等增值服务，实现已转化流量的持续促活。

### 案例1：小程序配件商城

商家可以设立配件商城，按照用户购买的型号推荐他需要更换的配件；或者让用户通过积分兑换一些配件，以此为用户提供便利、优质的售后服务。图3-54所示为商品配件商城页面。

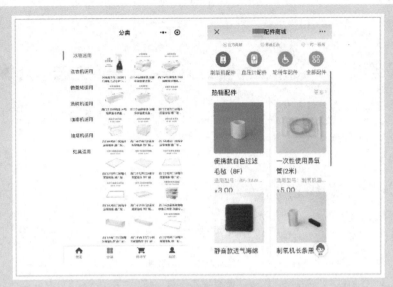

图 3-54 商品配件商城页面

## 案例2：与使用场景相关的增值服务

商家可以结合使用场景，为用户提供一些相关的服务。比如，宠物用品商家可以使用有关养宠物记录的小程序，为用户提供一些与养宠物相关的日程管理、问诊等服务，增强转化用户的黏性。再如，运动服饰商家可以开展一些与运动场景相关的线下活动，同时在报名页面设置分享和购买的选项，如图3-55所示。这样商家在促活转化用户的同时，有机会进行裂变和转化。

图 3-55 运动服饰商家开展与使用场景相关的增值服务

## 再次激活——线下业务与线上联动，盘活业态提升体验

商家打通线上线下库存数据、用户数据，可以为用户提供更优质的服务，实现线下业务与线上联动，盘活线下业态，并不断激活已转化用户、提升用户体验。

### 案例1：打通线上线下库存数据

商家通过打通线上渠道与线下门店的库存数据，实现全国云库存，以便更好地服务用户，实现线上线下的融合。

线上线下库存数据打通后，用户在小程序中选购完商品，可以选择去门店自提，如图3-56所示；在线上采购的商品，也可以直接在门店退换。商家提供线上线下同等服务，有助于提升用户的体验。

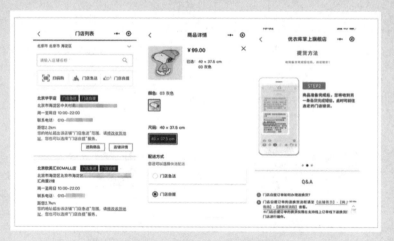

图3-56　线上选购，门店自提

用户在线上选购后，商家不需要从集中的仓库发货，而是可以根据库存情况从附近门店发货，如图3-57所示。这样既可以让用户尽快收到商品，又可以增加线下门店营收。

此外，商家打通全国库存数据后，导购人员就可以在后台看到信息、灵活调货，便于导购人员工作的同时，也为用户带来了更好的体验。

图 3-57 线上选购，附近门店发货

## 📦 案例2：用户画像赋能导购人员

对于导购人员而言，了解每一个用户的特征和喜好，按需提供服务，能够大大提升营销效率和效果。商家借助运营工具能够让导购人员看到用户的画像，掌握用户的社会属性（常住城市、首单时间等）、消费能力（消费次数、金额等）、消费偏好（品类、外形等）、活跃情况（7天活跃、30天活跃等）、决策标签（消费能力评级、活动参与积极性、用户生命周期等）等一系列情况（见图3-58），赋能导购，从而更好地服务每一个用户。

图 3-58 用户画像信息

###  3.4.3 私域赋能公域

典型
场景

# 私域用户画像赋能公域获客

商家通过提炼私域各类用户的特征、洞察高价值用户的共性，从而明确目标用户的画像，赋能公域的获客。此外，商家通过全渠道追踪，能够让公域的投放效果有迹可循，不断迭代获客策略，实现高效精准获客。

## 案例1：高价值用户Lookalike

倘若缺乏数据化的用户洞察支撑，商家只能凭借对产品调性的主观感觉选择人群特征，这往往要经历反复试错的漫长过程。而通过私域沉淀的用户数据，商家可以洞察高价值用户的特征，下载该部分用户的人群包，作为Lookalike的基础（见图3-59），以此提升公域获客的质量。

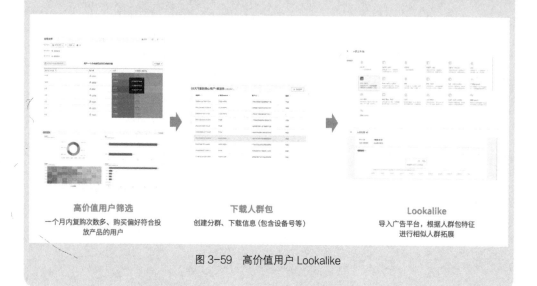

图 3-59　高价值用户 Lookalike

## 案例2：优化微信广告的投放形式

公域获客有多种渠道，每种渠道有多种投放形式。商家结合私域的转化情况科学评估投放效果，才能不断优化公域获客的总投资收益率（Return on Investment，ROI）。商家可以在朋友圈、公众号、小程序等多种微信生态构成中投放微信广告，评估不同来源用户的转化情况和生命周期价值，从而选择获客质量较高的投放形式，如图3-60所示。

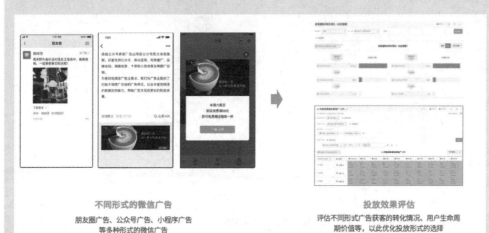

不同形式的微信广告
朋友圈广告、公众号广告、小程序广告
等多种形式的微信广告

投放效果评估
评估不同形式广告获客的转化情况、用户生命周期价值等，以此优化投放形式的选择

图 3-60  不同形式微信广告的效果评估

## 私域生态建设赋能公域变现

即使商家拥有繁荣的私域生态，仍然不能忽视公域平台的变现。商家在微信生态的品牌建设、用户心智培养，能够让用户对品牌产生认可，赋能全域变现，实现私域与公域业务的联动增长。

## 案例1：微信群、公众号引流至第三方平台变现

第三方平台会开展一些全民性的促销活动，比如"6·18""双十一""双十二"等，这

些都是商家值得把握的变现契机。商家可以借助微信生态的微信群、公众号等，宣传第三方平台的直播、折扣活动（见图3-61），吸引用户到第三方平台，从而实现变现。

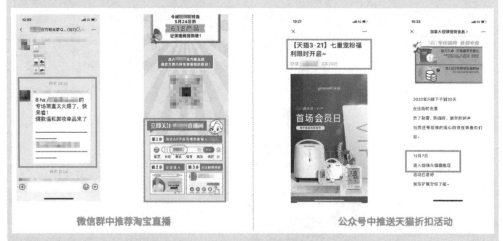

微信群中推荐淘宝直播　　　　公众号中推送天猫折扣活动

图 3-61　微信群、公众号宣传第三方平台的直播和折扣

## 案例2：通过LBS引流至线下变现

商家可以通过基于位置的微信群，进行店内货品的实时推荐、群接龙活动等；还可以通过小程序发布线下门店的优惠券和促销活动。这样有助于吸引用户前往门店，实现对线下门店的导流，提升门店流量和营收。

商家可以建立基于线下门店位置的微信群，把门店附近的用户吸引入群，在微信群中发送新鲜货品的信息，引导用户到门店消费；也可以通过群接龙等活动，引导用户线上成交，到门店提货，以此提升线下流量。

此外，商家基于小程序或者公众号的一些功能，可实现线上与线下业务的融合。例如：用户可以在小程序领取线下门店的优惠券到特定门店使用；可以在小程序或者公众号快速查询线下门店位置，预约线下门店的到店服务（如美容、珠宝试戴等）；可以在小程序预约上门服务（如上门取衣、上门安装或清洗家电等）。小程序、公众号盘活线下业态的典型场景如图3-62所示。线上线下联动有助于盘活线下业务，提升线下营收。

图 3-62　小程序、公众号盘活线下业态的典型场景

## 3.4.4　典型行业案例

**1. 某美妆品牌：利用微信生态的各构成进行营销，公域、私域业务联动**

　　美妆行业具有较强的营销属性，借助社交平台、明星、KOL 进行产品的营销，对于提升用户对品牌的认知和认可度十分重要；在流量成本增加的背景下，打破依赖线上第三方平台或者线下门店的模式，实现公域、私域业务联动，对业务营收的稳定和增长十分重要。

　　该美妆品牌是 2017 年成立的新品牌，以线上淘宝店起家，2019 年开始经营线下门店，近年来发展势头迅猛，销售额频登天猫等第三方电商平台的榜首。该美妆品牌以出色的全网内容营销著称，占据了微信、微博、小红书、抖音等各大热门渠道；从品牌的引爆、社交的裂变到社群的运营、用户的持续复购，已经形成了一套系统的方法。

　　在公域转私域方面，该美妆品牌在第三方商城售后卡、产品包装盒、线下门店海报等位置都放置了微信生态的二维码，引导用户添加企业微信，进而进入微信群，将流量沉淀至微信生态私域，如图 3-63 所示。此外，该品牌还通过运营工具生成企业微信活码，该码支持按照区域 / 活动让用户添加对应的销售人员，让运营更有针对性，如图 3-64 所示。

图 3-63　公域转私域

| | 名称 | 分组 | 使用员工 | 创建时间 | 活码 | 操作 |
|---|---|---|---|---|---|---|
| | 三星屯门店 | 线下门店 | 马英杰1 | 2021-05-25 16:57:18 | | 详情 编辑 删除 |
| | 活码--北京门店 | 默认分组 | 左倩，韩金宏 | 2021-05-20 16:03:06 | | 详情 编辑 删除 |
| | 员工活码-测试店 | 测试组 | 沈剑琴，左倩，郝紫星，刘杨，徐静，youhuan，李昕芸 | 2021-05-20 10:24:43 | | 详情 编辑 删除 |
| | 员工活码-成都店 | 默认分组 | 罗坤 | 2021-05-20 10:23:57 | | 详情 编辑 删除 |
| | 活码-温江店 | 默认分组 | 谭文胶（神策） | 2021-05-20 00:15:35 | | 详情 编辑 删除 |
| | 活码-春熙店 | 测试组 | 左倩 | 2021-05-20 00:14:13 | | 详情 编辑 删除 |
| | 活码-锦泰店 | 默认分组 | 沈剑琴，左倩 | 2021-05-20 00:12:21 | | 详情 编辑 删除 |
| | 活码-华阳店 | 默认分组 | 左倩 | 2021-05-20 00:11:19 | | 详情 编辑 删除 |
| | App推广 | 默认分组 | 冯志宇，王晓萍 | 2021-05-19 23:11:28 | | 详情 编辑 删除 |
| | 健身房活码 | 线下门店 | 李昕芸 | 2021-05-19 14:37:41 | | 详情 编辑 删除 |

图 3-64　运营工具生成的企业微信活码

　　同时，该美妆品牌借助微信生态的各构成进行营销和促单转化，提升用户的黏性。就公众号而言，该美妆品牌有超过 40 个相关的公众号，已经形成了公众号矩阵，分别为品牌建设、产品营销、互动活动、热点追踪等不同的定位；在微信群方面，该美妆品牌打造自己的美妆 KOC，发布签到提醒、互动话题、推荐视频和海报等；在小程序方面，该美妆品牌主要借助小程序直播向用户直观展示产品试色和妆容效果，促进用户下单；在视频号方面，该美妆品牌以品牌建设为主，发布明星代言人的视频等。图 3-65 所示为微信生态的营销示例。该美妆品牌通过内容的多样性和吸引力提升用户对品牌的认知和黏性，从而推进转化和复购。

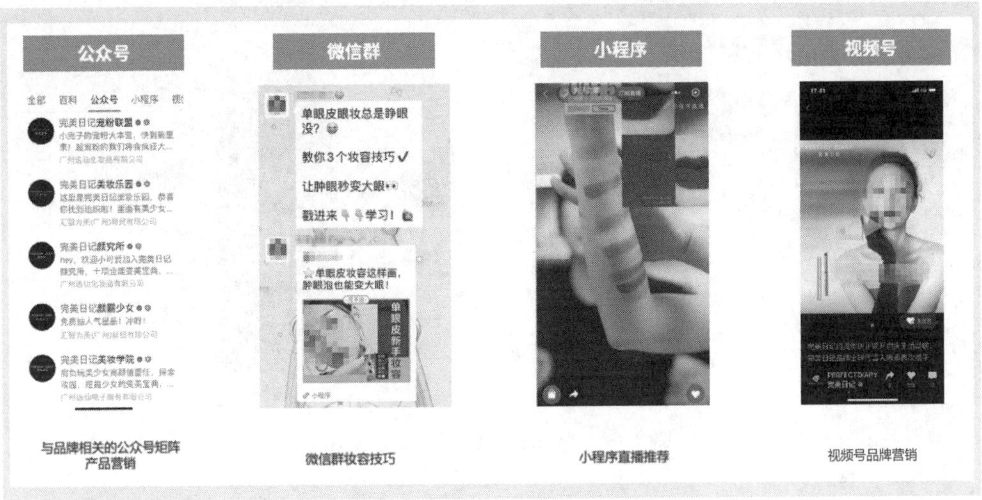

图 3-65　微信生态的营销示例

## 2. 某餐饮品牌：布局企业微信和会员小程序，提升顾客的黏性和转化率

餐饮行业属于传统行业，普遍存在产品附加值较低、顾客黏性不高、生命周期短等问题。在新型冠状病毒感染疫情期间，一些餐饮企业提前布局数字化的餐饮品牌，表现出了良好的抗风险能力和市场恢复能力。因此，餐饮品牌可以借助微信生态突破线下消费场景的限制，触达更多新顾客，服务更多老顾客，从而提升顾客对品牌的黏性。

该餐饮品牌是中式快餐连锁品牌，2012 年品牌实现升级，目前已在全国拥有上千家直营店。近几年，该餐饮品牌利用企业微信和会员小程序，推广线上会员制，与顾客建立长期的关系，不断触达和激活顾客，实现了私域流量和业务营收的增长。

以会员小程序为例，该餐饮品牌的小程序设有会员卡，提供菜品折扣、免费早餐券、新品尝鲜、双倍积分等权益，且采用每月续费的模式，顾客一旦愿意加入会员，就很有可能成为回头客。因此，该餐饮品牌通过线下门店、公众号、小程序和微信群等多渠道，进行会员的招募。小程序的会员权益设计和招募如图 3-66 所示。

此外，该餐饮品牌通过微信公众号发布第三方平台及线下门店的活动，实现了私域流量在公域变现。例如：该餐饮品牌在微信公众号发布第三方平台有满减红包的活动信息，引导顾客在第三方平台领取优惠券并下单；发布某个地区线下门店开业的信息，并提供就餐优惠，引导顾客到线下门店消费。私域赋能公域变现示例如图 3-67 所示。

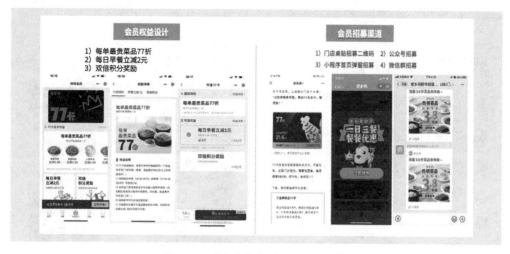

图 3-66　小程序的会员权益设计和招募

图 3-67　私域赋能公域变现

### 3. 某餐饮品牌：依托微信生态构建私域流量池，持续触达激活复购

具有高频、低客单价、用户决策链路较短等特点的连锁咖啡行业，在私域运营可以沉淀用户资产，实现商品交易总额（Gross Merchandise Volume，GMV）的良性增长。

该餐饮品牌成立于 2018 年，是新兴的国产连锁咖啡品牌。成立初期，该餐饮品牌营销模式主要聚焦在裂变营销拉新上，经过 2 年的发展，其营销模式转型为社群精细化运营，已积累总数超过 180 万人的私域用户。该餐饮品牌的普通客户变成社群用户之后，月消费频次提升 30%，周复购人数提升 28%，月活跃用户人数提升 10% 左右。

在拉新阶段，该餐饮品牌在桌卡、易拉宝、收银区、咖啡瓶身等位置都设置二维码，引导用户关注公众号、添加企业微信、进入社群。该餐饮品牌通过采用根据 LBS 进行定向展示的活码，使用户可以进入定位附近的门店社群，之后再通过社群活动在线上重复触达用户。

在企业微信社群中，该餐饮品牌打造差异化内容，针对一天中不同的时间段（早餐时间、午餐时间、下午茶时间、下班时间）推出不同文案和优惠，持续刺激用户的购买欲望，促成快速转化，如图 3-68 所示。

图 3-68　微信社群差异化内容

随着视频号与微信生态中公众号、微信红包等的打通，该餐饮品牌也布局视频号，将其作为转化的渠道之一。在日常视频推送中，该餐饮品牌通常会附上优惠券的领取链接。此外，该餐饮品牌还推出了与"带货"直播定位不同的全天陪伴式直播，即固定在工作日 9:30—17:30 直播，覆盖职场人群工作的 8 小时。该餐饮品牌在直播页面附上"每日优惠券"，用户截图扫码即可领取 5 折券；还会在关注视频号的新粉丝中抽取 30 位送出免费咖啡，这样不仅形成周期性福利放送让用户获益，还提升了直播间的流量。图 3-69 所示为布局视频号从而提升转化率示例。

图 3-69　布局视频号提升转化率

### 4. 某宠物用品品牌：覆盖养宠全场景，打造宠物营养健康服务生态链

目前，宠物行业的产业结构呈多样性发展的趋势，除了宠物食品之外，宠物医疗、用品及各类型服务也日渐增多。现在，养宠人士越来越在意宠物的卫生、健康和宠物商品的品质，消费行为从线下向线上迁移。因此，提供围绕宠物消费的优质商品和服务，不断完善线上平台的建设，对宠物用品品牌的发展和营收增长十分重要。

该宠物用品品牌是进口品牌，主营宠物食品。近年来，该宠物用品品牌通过不断在宠物健康行业发力、积极联动第三方建立宠物诊疗数字化平台、举办在线直播沙龙等举措，将宠物健康的业务与数字化诊疗形成联动，为用户提供多渠道、全链路、一站式消费体验，打造宠物服务的行业生态圈。

该宠物用品品牌通过微信群和小程序，提供养宠知识、喂食建议、日程管理、问诊等服务，同时提供就诊、洗澡等线下门店的服务，从而实现提供覆盖养宠全场景的服务，增强用户的黏性。例如，该宠物用品牌通过微信群的线上展会，让异地的用户看到亚洲宠物展的盛况；借助微信群的小剧场，培育对养宠感兴趣的潜在人群；开办微信群的养宠课堂，为养宠人士提供喂养宠物的专业知识；推出小程序的智宠卡，顺应宠物用品智能化的发展趋势；推出小程序的礼宠卡，为发展潜在用户提供可能性。

### 5. 某消费电子企业：通过小程序精细化运营，提升用户活跃度和转化率

消费电子行业除了传统分销模式之外，较早试水 DTC 模式，重视线上直销渠道和与用户的互动。由于该行业很多商品具有高价低频的特征，因此，精准定位目标客群、把握每一次转化机会，对该行业的企业而言至关重要。

该消费电子企业是全球头部的家电设计制造企业，其商品在全球 37 个国家销售。其拥有由1200 名科学家和工程师组成的研发团队，致力于数字发动机、洗衣机乃至吸尘器的发明和革新。该消费电子企业注重小程序商城的建设，不断优化用户体验，提供用户感兴趣的内容，以此提升用户黏性和转化率。

该消费电子企业的小程序从授权登录、成为会员、参与问卷获积分的访客体验引导，到各类勋章和卡券的设计，能够不断引导访客成为注册用户，增强用户体验。小程序的针对性引导和促活方式示例如图 3-70 所示。

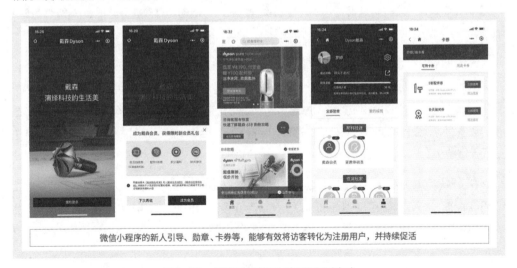

图 3-70　小程序的针对性引导和促活方式

此外，该消费电子企业的小程序尤其注重千人千面的内容推荐。它会综合考虑用户的性别、

会员等级等事实标签，阅读、访问、搜索偏好等行为标签，通过智能推荐平台向用户展现其感兴趣的内容，如图 3-71 所示。

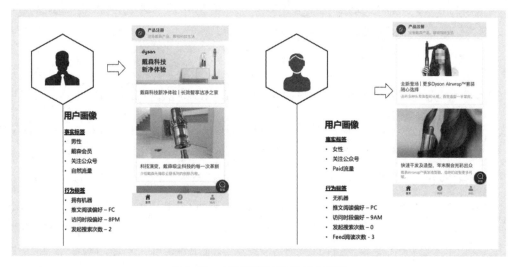

图 3-71　小程序产品展示的千人千面

## 6. 某企业服务公司：借力微信生态，进行潜在客户培育和提供客户服务

B2B 业务往往面临决策者和使用者分离的情况，大多数业务场景复杂、决策周期长，很多 B2B 企业陷入客户难找、获客成本攀升等困境。企业如何低成本高效获客、尽快从客户续费中收回成本，成为经营成功的关键。

该企业服务公司成立于 2015 年，是国内专业的大数据分析和营销科技服务提供商，通过全渠道的数据采集与全域用户 ID 打通、全场景多维度数据分析、全通道的精准用户触达，帮助企业实现数字化经营。该企业服务公司构建了"产品 + 营销 + 服务"的运作体系，其中，产品是核心竞争力。该企业服务公司对外注重营销，培育客户直至购买产品；对内强调服务，留住客户进而保持续费。

在公域转私域方面，该企业服务公司在访客流量较高的官网放置了企业微信活码、公众号二维码等微信生态入口，吸引访客添加；对于在官网填写个人资料注册的访客，通过短信等形式发送其感兴趣的资料或课程，吸引注册用户来到自营平台关注公众号。公域转私域示例如图 3-72 所示。

对于从公域转至私域的潜在客户，企业既可以通过企业微信进行一对一服务，还可以基于标签进行全自动的线索分层触达，实现线索的针对性培育（见图 3-73），不断增强潜在客户意愿。

图 3-72 公域转私域

图 3-73 企业微信一对一服务 / 自动化的线索培育

对于关注公众号或者添加咨询顾问企业微信的用户，企业可以进一步将其邀请至微信群。企业可以在微信群发送视频号 / 公众号的干货、问题解答，以及进行直播课程的预告和邀约（见图 3-74），通过丰富的素材和多样的形式进行潜在客户的培育，增强潜在客户意愿。

此外，该企业服务公司还借力微信生态提供客户差异化服务，如图 3-75 所示。例如：该企业服务公司通过订阅号 + 服务号的矩阵运营，进行品牌差异化营销，同时进行通知推送；通过小程序，为客户提供使用产品的指导视频和文档；通过视频号进行解决方案的推广和直播等。

图 3-74　微信群的线索培育

图 3-75　借力微信生态提供差异化服务

# 4. 微博营销

社交媒体在互联网时代的品牌营销中占据越来越重要的地位。微博作为一个开放式的广场型社交媒体平台，拥有兴趣聚合与热点引爆的核心竞争力，能够充分发挥特有的社会化营销影响力，为品牌主提供基于用户深度参与的营销环境，助力品牌与用户产生情感共鸣，最大化释放营销价值。

# 4.1　微博营销的发展与变革

微博，即微型博客的简称，是一个基于用户关系的信息分享、传播和获取平台。相比传统博客，微博发布更便利、传播更迅速，能以简单的文字更新信息并实现及时分享。

微博即时表达的特点比博客更加符合现代人的生活节奏和习惯，在新技术的加持下更有助于用户对访问留言进行回复，从而形成良好的互动。

## 🔷 4.1.1　Twitter首先发起微博服务，2010年微博在中国进入全面发展阶段

微博（MicroBlog）这个词起源于美国，在2006年，由埃文·威廉斯创建的公司首先推出了Twitter服务。最初，这项服务只是用于向好友的手机发送文本信息。2006年底，Obvious公司对服务进行了升级，用户无须输入自己的手机号，即可通过Twitter网站接收和发送消息。之后还陆续诞生了许多提供信息分享服务的网络公司，其中较有名气的有Purk和Jaiku。随着网络技术的不断更新与发展，Twitter备受欢迎。

2007年，中国的微博开始启动，代表平台主要有饭否、做啥网、叽歪等，但并未产生较大影响，直到2009年新浪推出微博服务后，中国微博平台进入二次启动。之后网易、搜狐、腾讯、人民网、凤凰新媒体也相继推出了自己的微博服务，微博在中国开始掀起一股热潮。图4-1所示为微博发展历程。

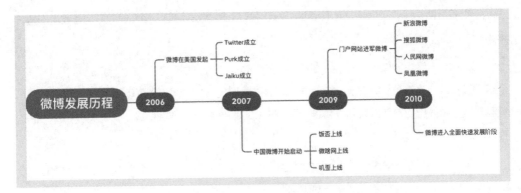

图 4-1　微博发展历程

## 🎁 4.1.2　新浪微博成为行业领头羊

随时随地发现新鲜事，这已成为家喻户晓的微博介绍语。自2009年8月新浪推出"新浪微博"后，新浪微博已逐步发展成为国内主要的微博服务网站。微博是社交信息流产品，基于社交关系做内容分发。用户拥有一个社交媒体账号，就可以创造内容。图4-2所示为新浪微博发展历程。

2009年8月，新浪微博上线；

2013年2月，注册用户数超5亿人，日活跃用户达4620万人；

2013年4月，阿里巴巴收购新浪微博18%股份；

2014年3月，新浪微博更名为"微博"；

2014年4月，微博在纳斯达克上市；

2016年11月，取消发布器的140字限制，少于2000字都可以；

2016年12月，新浪微博月活跃用户3.13亿人，日活跃用户1.39亿人；

2018年，微博用户3.4亿人，"90后"成为内容消费主体；

2020年，微博用户达5.1亿人，日活跃用户2.2亿人。

图 4-2　新浪微博发展历程

结合新浪微博发展的关键时间节点，新浪微博的发展历程可分为 4 个阶段。[1]

（1）起步期：采用明星效应，抢占市场先机。

2009 年 8 月—2011 年 10 月，新浪微博增加了 @、私信、评论、转发功能，并利用明星效应进行营销，因此吸引了一大批粉丝加入。经过这一阶段的发展，新浪微博基本确立了头部优势，为后续爆发奠定了基础。

---

1　根据付晓萌、郭佳佳《新浪微博八年兴衰史》整理。

（2）转折期：移动交互能力逐步完善，确定了在微博领域的地位，但微信的影响导致用户增长速度下降。

2011年11月—2013年，新浪微博拓展了移动端交互方式，客户端信息流还推出了"赞"按钮，在转发分享、评论、收藏之外，丰富了用户间的互动方式。2013年4月，新浪正式宣布新浪微博与阿里巴巴签署战略合作协议，双方在用户账户互通、数据交换、在线支付、网络营销等领域进行了深度合作。

在快速发展的这一时期，微信的推出给新浪微博的发展带来了一定影响。随着微信的朋友圈、摇一摇、漂流瓶和查看附近的人的功能的出现，越来越多的用户被吸引至微信。2013年是新浪微博发展的转折之年，用户规模和使用率均出现大幅下降。

（3）爆发期：布局下沉市场、打造视频生态矩阵、建设内容生态等。

2014年新浪微博正式宣布改名为"微博"。在受到微信影响导致用户规模大幅下降后，微博在2014—2017年开展了新的布局，主要包括三大方面：布局下沉市场；打造视频生态矩阵；建设内容生态，推出兴趣信息流。

① 布局下沉市场。

2014年，微博将渠道下沉作为主要任务，主要从3个层面采取措施。第一个是用户结构下沉，即从一、二线城市下沉到三、四线城市。微博和电视台的合作成功建立起用户和明星之间的桥梁，微博使得用户和明星之间的距离缩小。第二个是内容领域下沉，将社交媒体平台下沉到垂直细分领域。从2014年下半年开始，微博细分了时尚、股票、旅游、电影、汽车、美食等垂直领域，仅用了半年时间，微博就已经跃居国内主要的电影点评平台、旅游分享和商家点评领域的榜首。第三个是头部用户下沉，从名人"大V"沉到"中小V"和自媒体。为了更好地吸引三、四线城市的用户，微博开始扶持更多的"中小V"和自媒体。

② 打造视频生态矩阵。

2016年9月，微博推出视频机构成长方案，并启动MCN管理系统内测，为MCN机构提供成员管理、资源投放、商业变现、数据分析四大功能。微博从产品、资源和商业化等方面，持续加大对视频MCN机构的扶持力度，形成完整的视频MCN机构成长解决方案。2017年4月，微博做了产品变革，直接将微博客户端首页左上角的位置给了视频，并支持用户点击按钮即可拍摄并发布15秒以内的视频，便于用户随时随地发布短视频。

③ 建设内容生态，推出兴趣信息流。

2014 年 7 月，微博正式启动信息流优化计划，旨在降低用户在浏览微博过程中接触低互动性信息的频率，让用户能够有更多的时间接收并阅读有效信息。2016 年初微博增加了兴趣推荐功能，即如果用户时间序列产生的内容不足，微博会把过去 3 天用户未读到的、与用户兴趣相关的内容，插入用户的信息流当中，从而增加用户在微博停留的时间。

经过以上布局，到 2017 年 6 月，微博月活跃用户达 3.6 亿人，日活跃用户达 1.6 亿人，既实现了增长逆转，又有效提升了微博商业化效率。

（4）稳定发展期：内容生态丰富多元，社交网络效应突显。

如今，微博已经成为国内最大的社交媒体平台之一，进入稳定发展期。微博用户发展报告显示，2017 年微博月活跃用户已达 3.76 亿人，且目前仍处于平稳增长中。微博将内容视作其发展的基础与核心，不断丰富内容生态，支持图文、视频及音乐等多种形式。随着微博用户规模的增长，其社交网络效应凸显，借势营销、裂变营销成为企业微博营销的主流形式。同时，微博加强了垂直领域布局，在摄影、搞笑、娱乐、时尚、美食等垂直领域建立流量池，进行深度运营，并全面推进与 MCN 机构合作。

# 4.2　微博生态及价值

微博涵盖了网民线上行为的主要场景，包括浏览场景、搜索场景、输入场景和交易场景，在线上互动、线上原创、线上传播方面有着很大的优势。微博支持随时随地关注和发表对热点人物、热点事件的相关评论，也支持随时随地发布原创内容，并拥有迅疾的传播速度和广阔的传播范围。

## 4.2.1　公域＋私域构建微博全域营销生态体系

2020 年微博月活跃用户达 5.23 亿人，日活跃用户 2.2 亿人，头部娱乐明星和相关账号有近 3 万个，KOL 超过 40 万个。同时，有 2700 家以上 MCN 机构入驻微博平台，有 150 多万家认证企业和机构微博可以实现企业与用户高频次沟通。图 4-3 所示为微博生态涵盖的场景。

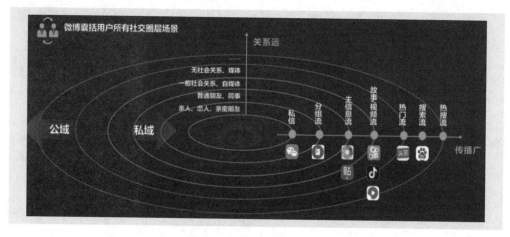

图 4-3 微博生态涵盖的场景

## 1. 以热搜、推荐、发现等信息流为主的公域流量

微博被认为是一个广场型平台，是各类大小事的聚集地。微博热搜、推荐及发现热门话题等是用户接收信息的入口，平台会根据用户的浏览习惯推荐个性化的内容，用户亦可从热搜排行榜中查看喜好的热门话题，并可随时随地关注热点人物、热点事件及发表评论。微博的公域场景使其具有迅疾的传播速度和广阔的传播范围。

## 2. 以个人主页、超话、粉丝群等互动场景为主的私域流量

发布原创微博或文章，能够以更快、更准确的方式向微博用户传播信息。不断增加的优质内容可以吸引更多粉丝关注。粉丝群聚合了有相同爱好的人，他们以微博的形式交流，增强了用户黏性。微博借助直播和短视频功能打造了视频 + 社交矩阵，在短视频直播领域已经有了多个产品，如秒拍、小咖秀、随手拍、微博故事、酷燃等，可覆盖各分层用户。

## 🎁 4.2.2　用四大核心价值打造微博生态营销优势

### 1. 微博生态体系造就多样的强互动营销方式，实现裂变营销

明星 /KOL 与粉丝互动，使用户与品牌关联更紧密。微博拥有丰富的明星 /KOL 资源，可供企业选择与品牌形象相符合的明星 /KOL，通过与粉丝互动促进品牌提升。

多元广告形式打破单一广告局限性。微博广告产品矩阵丰富多元，为不同品牌提供了有效的广告组合，同时，多元的广告组合拥有更高的品牌提升效率，对品牌各维度的效果提升要优于单一广告形式。

品牌与产品的有效结合有助于提升营销效果。微博营销从品牌和产品两个维度提升推广效果，品牌营销注重喜好度的增长，产品营销注重提高用户的忠诚度。从 2018 年的数据来看，微博品牌营销对喜好度的提升达 223.5%，产品营销对推荐度的提升达 91.4%，如图 4-4 所示。

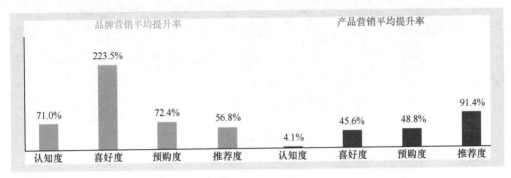

图 4-4　微博营销效果

## 2. 微博涵盖公域、私域所有社交圈场景，可实现曝光到转化全域营销

从媒体公开的信息可知，微博 90% 以上的关系流分发都是按粉丝关系的纯私域，企业微博是公域中的私域流量，私域和公域可以相互渗透。微博的公域流量包括热门流、热搜流、视频流等，核心在于获得精准流量；私域流量包括个人主页、超话、粉丝群的流量等，核心在于粉丝互动和变现。

微博涵盖了用户所有的社交圈场景，企业微博可从公域各流量入口获取精准流量进行营销，然后在私域场景下进行精细化运营，实现转化。微博与阿里巴巴携手实现了数据层面的打通，推出"U 微计划"，打造"从微博'种草'到电商'拔草'"（在这里，"拔草"指购买行为）的营销闭环。

## 3. 深耕垂直商业生态，覆盖行业推广全生命周期

微博聚焦垂直领域多年，并致力于建立每个领域的流量生态、变现生态。目前，微博已覆盖搞笑、美食、萌宠、游戏、时尚、美妆、舞蹈、音乐、母婴、直播等 60 多个垂直领域，月阅读量超百亿次的垂直领域达 25 个。

微博深耕垂直领域（见图 4-5），除了投资内容电商、优质短视频、泛文娱领域，也在全面推进与 MCN 机构的合作，基于吸引用户的内容，瞄准内容营销，达成情感上的品牌共鸣，拓展

商业化路径。

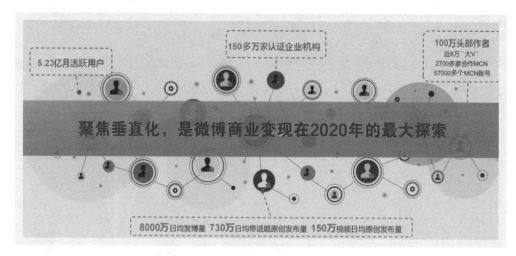

图 4-5　微博深耕垂直领域

## 4. 用户年轻化趋势带来巨大商业潜力

2020 年微博月活跃用户有 5.23 亿人，日活跃用户 2.2 亿人，覆盖了不同职业、不同地区、不同民族；有将近 3 万个娱乐明星和相关账号，有 40 多万个 KOL，还有 150 多万家认证企业和机构；与 2100 家内容机构和超过 500 档 IP 节目达成合作，覆盖 60 多个垂直兴趣领域。用户群体中"90 后"和"00 后"成为主力，两者总占比接近 80%，用户呈现年轻化趋势，如图 4-6 所示。

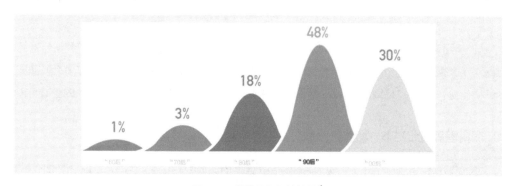

图 4-6　微博用户年龄结构[1]

基于微博生态强大的传播和培育能力，企业在微博平台可重点开展的营销场景如下。

---

1　数据来源：《微博 2020 用户发展报告》。

① 新品发布。一款新产品从宣发造势到精准人群定位，再到电商销售转化，微博可以完成全链路的营销支持。

② "种草"和"养草"。微博深耕垂直领域和建设内容生态，从信息流到私域粉丝运营的全程"种草"和"养草"，可以实现社交资产向电商资产转化。

③ 明星营销。企业借势明星影响力发挥粉丝经济效应，将品牌和产品调性与明星热点结合，可产生四两拨千斤的效果。

④ 热点营销。企业可充分运用微博热点聚集地的优势，随时随地借势开展营销，发挥滚雪球效应。

# 4.3 微博营销方法论

微博生态贯穿用户社交全场景，可实现从微博"种草"到电商"拔草"的营销闭环，其多元化营销模式和垂直商业生态为品牌开展营销提供了良好土壤。本节将从微博涵盖的营销概念、营销触点、营销体系、营销策略方面阐述如何做好微博营销。

## 4.3.1 微博营销概念解读

微博的强互动属性造就了多种营销模式，主要有明星营销、KOL 营销、借势营销、事件营销和跨界营销。

### 1. 明星营销

明星营销是指明星以微博作为营销平台，间接对产品进行宣传、推广的营销方式。明星营销具有 4 个主要特点：互动性强，目的性强，有效性强。

### 2. KOL 营销

KOL 指在某个领域有影响力、有话语权的人。微博 KOL 就是微博红人、"大 V"账号。

KOL 的粉丝黏性强、价值观认同感高，所以 KOL 的推荐是有效的。

### 3. 借势营销

借势营销，就是将销售的目的隐藏于营销活动之中，将产品的推广融入一个消费者喜闻乐见的环境里，使消费者在这个环境中了解产品并接受产品的营销手段。微博本身就是一个巨大的热点，微博热点可以通过热门标签、榜单、话题查看。

### 4. 事件营销

事件营销作为微博营销方式中市场应用的一种方式，出现频率是很高的，因为如果时势利用得当，就能达到很好的营销效果。事件营销的核心是：找准引爆点、巧妙联合、抓住时间热度。

### 5. 跨界营销

跨界营销是指根据不同行业、不同产品、不同偏好的消费者之间所拥有的共性和联系，把一些原本毫不相干的元素融合，进而彰显出一种新锐的生活态度与审美方式，并赢得目标消费者的好感，使得跨界合作的品牌都能够实现品牌利益最大化的营销方式。

## 🎁 4.3.2  微博营销触点分析

按照微博营销生态体系梳理营销触达方式，针对不同的触达方式，从频次、展现深度、开放程度、精准性 4 个维度进行评估，每个维度的分数值均在 0 ～ 100 分，分数从低到高代表频次从低到高、展现深度由浅到深、开放程度从低到高、精准性从弱到强。表 4-1 所示为微博触点评估维度。

**表4-1  微博触点评估维度**

| 评估维度 | 权重 | 触达等级评分 | | | | |
|---|---|---|---|---|---|---|
| | | 0分 | 25分 | 50分 | 75分 | 100分 |
| 频次 | 15% | 低，触达用户频次低 | 较低，触达用户频次有限 | 中，触达用户频次中等 | 较高，触达用户频次受限少 | 高，触达用户频次无限制 |
| 展现深度 | 25% | 浅，展现形式单一，曝光度低 | 较浅，展现形式较少，曝光度一般 | 中等，展现形式、曝光度适中 | 较深，展现形式较多，曝光度较高 | 深，展现形式丰富，曝光度高 |

续表

| 评估维度 | 权重 | 触达评分 | | | | |
|---|---|---|---|---|---|---|
| | | 0分 | 25分 | 50分 | 75分 | 100分 |
| 开放程度 | 25% | 低，几乎不开放 | 较低，操作复杂 | 中，有条件开放 | 较高，操作便捷 | 高，操作自主灵活 |
| 精准性 | 35% | 弱，全员触达 | 较弱，粗略触达 | 中，分组触达 | 较强，根据用户特征触达 | 强，根据用户行为、特征触达 |

微博涵盖了用户的所有社交圈层场景，涵盖公域、私域传播场景。微博与用户的触点可以分为主动触达类和被动触达类，主动触达类主要包括发布微博、微博直播、粉丝群和视频号，被动触达类主要包括搜索、推荐/关注页、发现页和微博应用，如图4-7所示。

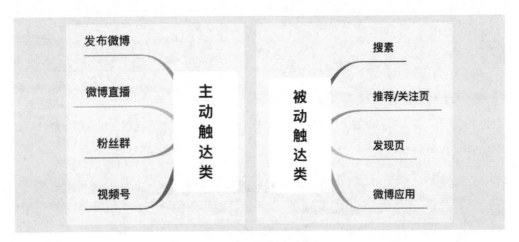

图4-7　微博触点分类

（1）发布微博。发布微博是触达用户和保持互动的有效方式，选取契合定位的微博话题和合理的互动频次是开展微博营销的主要手段。发布微博类触点分析如表4-2所示。

表4-2　发布微博类触点分析

| 序号 | 营销触点 | 触达等级评分 | | | | | 规则 |
|---|---|---|---|---|---|---|---|
| | | 总计 | 频次 15% | 展现深度 25% | 开放程度 25% | 精准性 35% | |
| 1 | 话题 | 68 | 80 | 49 | 65 | 78 | 在发布微博时，输入话题词发布即可，发布后话题词即成为一个普通话题 |
| 2 | 抽奖 | 54 | 53 | 41 | 69 | 54 | 直接发布一条带有活动规则、活动奖品、抽奖时间的微博并@微博抽奖平台 |

续表

| 序号 | 营销触点 | 触达等级评分 | | | | | 规则 |
|---|---|---|---|---|---|---|---|
| | | 总计 | 频次 15% | 展现深度 25% | 开放程度 25% | 精准性 35% | |
| 3 | 问答 | 71 | 80 | 65 | 79 | 65 | 可以发布免费问答，或向已开通付费问答功能的博主付费并提问，付费提问被回答后，如其他粉丝付费围观，提问者也会有相应的收益 |
| 4 | 头条文章 | 62 | 49 | 77 | 61 | 58 | 可以以专栏连载形式发布原创文章，展现形式丰富，受众精准 |
| 5 | 微评 | 44 | 50 | 49 | 51 | 32 | 发布对某个物品的感受与体验，可关联相应物品。发布的微评以微博形式展示，还可以看到该物品的其他微评内容 |
| 6 | 新鲜事 | 54 | 65 | 47 | 74 | 39 | 新鲜事是聚合相同主题内容，根据设置的话题词抓取网友发布的带该话题词的微博。新鲜事内的板块由对应的微博内容构成，每个板块最多支持25条微博 |

（2）粉丝群。微博群分为普通群和粉丝群两种，普通群人数上限为500人，粉丝群人数上限为1000人。拥有粉丝数量大于或等于1万人，即可拥有自己的粉丝群。粉丝群触点分析如表4-3所示。

表4-3　粉丝群触点分析

| 序号 | 营销触点 | 触达等级评分 | | | | | 规则 |
|---|---|---|---|---|---|---|---|
| | | 总计 | 频次 15% | 展现深度 25% | 开放程度 25% | 精准性 35% | |
| 1 | 消息 | 68 | 80 | 65 | 47 | 80 | 粉丝数量大于或等于1万人，即可拥有自己的粉丝群，可发送广告，可将群展示到主页 |
| 2 | 群微博 | 56 | 60 | 73 | 31 | 61 | 以群名义发布微博，精准触达目标群体 |
| 3 | 红包 | 53 | 55 | 59 | 49 | 50 | 普通红包不超过200元，个数不超过600个，拼手气红包不超过10000元，无数量限制，领取人群可按微博等级进行选择 |
| 4 | 投票 | 46 | 60 | 39 | 25 | 59 | 仅部分用户及年费会员、群管理员可使用该功能 |

在提升粉丝群活跃度上，可以从以下几个维度入手。

① 对粉丝群进行分类管理，如付费铁杆粉丝群、答疑解惑群、初级入门群等，以不同的内容促进群成员互动，提升活跃度。

② 运用群管理功能，如签到、投票等，监督、帮助群成员养成习惯。像读书、学习类的交流群，可以设置每日签到活动。

③ 使用群微博功能，发布群动态、分享明星照片和热门话题，吸引志同道合的粉丝进行评论，提升活跃度。

（3）视频号。微博视频号中，泛娱乐内容占据核心领域，干货内容可获取可观的流量。据《2020年度微博视频号发展报告》的数据，媒体热点、科学科普、法律、数码、综艺节目成为播放条数最多的五大领域。视频号触点分析如表4-4所示。

### 表4-4　视频号触点分析

| 序号 | 营销触点 | 触达等级评分 | | | | | 规则 |
|---|---|---|---|---|---|---|---|
| | | 总计 | 频次 15% | 展现深度 25% | 开放程度 25% | 精准性 35% | |
| 1 | 推荐页 | 53 | 44 | 58 | 61 | 47 | 根据用户观看习惯和个人偏好，平台为用户推荐个性化视频 |
| 2 | 关注页 | 62 | 59 | 63 | 61 | 64 | 所关注的博主发布视频后，粉丝可直接在关注板块查阅；用户也会收到关注博主的动态通知推送 |
| 3 | 点赞 | 42 | 50 | 48 | 36 | 39 | 平台将用户关注的博主点赞过的视频推送给用户 |
| 4 | 直播 | 70 | 79 | 80 | 65 | 62 | 用户可观看直播，也可在微博栏发起直播 |

（4）搜索。在搜索日常消费和娱乐内容时，微博是多数用户的选择。通过微博搜索资讯和热点已成为网友重要的行为习惯。搜索触点分析如表4-5所示。

### 表4-5　搜索触点分析

| 序号 | 营销触点 | 触达等级评分 | | | | | 规则 |
|---|---|---|---|---|---|---|---|
| | | 总计 | 频次 15% | 展现深度 25% | 开放程度 25% | 精准性 35% | |
| 1 | 大家都在搜 | 63 | 29 | 63 | 80 | 65 | 在搜索框滚动显示，用户可点击查看有关某一话题的微博信息 |
| 2 | 微博热搜 | 52 | 35 | 61 | 59 | 47 | 平台将搜索度高的信息按照"热""新""沸"等不同类型进行展示，用户可点击查询相关信息 |
| 3 | 同城热搜 | 47 | 28 | 35 | 62 | 53 | 根据用户默认的地区，按热度排行推送该地区的热门信息 |

（5）推荐/关注/发现页。微博平台根据用户的浏览习惯和个人偏好推送相关信息。当企业运营的账号高频发布优质原创内容时，用户会转发和互动讨论，微博内容将会出现在热门推荐和发现页。推荐/关注/发现页触点分析如表4-6所示。

**表4-6　推荐/关注/发现页触点分析**

| 序号 | 营销触点 | 触达等级评分 | | | | | 规则 |
|---|---|---|---|---|---|---|---|
| | | 总计 | 频次 15% | 展现深度 25% | 开放程度 25% | 精准性 35% | |
| 1 | 推荐/关注 | 53 | 19 | 65 | 47 | 63 | 根据用户浏览习惯和个人偏好，平台为用户推荐相关类型微博信息；所关注的博主更新动态，粉丝可直接在关注板块查阅；用户可查看不同分组的微博信息 |
| 2 | 热议话题 | 39 | 34 | 50 | 31 | 38 | 平台将话题按用户参与讨论的热度进行排行，用户可查看相关信息，参与讨论、投票活动 |
| 3 | "种草" | 48 | 35 | 71 | 35 | 47 | 平台按照明星同款、超值好物、微博潮物"种草官"进行分类展示 |
| 4 | 动态消息 | 58 | 57 | 61 | 50 | 62 | 关注博主的动态通知推送 |
| 5 | 本地 | 45 | 33 | 60 | 35 | 47 | 本地新闻资讯、热点事件信息推送 |
| 6 | 放映厅 | 38 | 34 | 62 | 31 | 28 | 平台推荐热门剧集和综艺节目 |

## 4.3.3　微博营销体系搭建

### 1. 明确企业微博定位

运营企业微博，首先要做的是明确所运营账号的定位，具体来说就是明确运营微博的目的是进行品牌和产品宣传，还是危机公关等。明确了运营微博的目的后，还需要定位微博的方向和受众群体，以及以怎样的风格去展现和运营微博。同时，微博账号的运营团队需要对人员组成、工作流程规范、发布频率等方面进行明确规定。

### 2. 用户数据分析与挖掘

微博营销应以用户为中心，根据用户特点进行精细化运营。微博自身提供用户分析工具，企业在用户分析上应从4个方面开展：一是账号的活跃度情况，主要包含日发布微博数量和原创与转发的比重；二是整体账号的内容价值情况，包括评论、转发、原创文档下载现状；三是用户的活动参与情况，细分为企业用户数、个人用户数和由活动引起的相关话题数；四是粉丝数总体情况，包括粉丝总数和增长率、粉丝的标签属性等。

### 3. 内容体系搭建

好的内容是吸引和留住用户的关键，用户关注博主的主要原因在于博主的微博内容对他而言有价值。所以，搭建内容体系使发布的内容能体现出对用户的价值是提升用户黏性的根本。同时，好的内容要与可互动的文案相结合，让用户参与其中。内容体系搭建应充分考虑内容选择和定位、原创内容，以及内容的发布频率。

## 4. 互动体系搭建

与用户形成互动是微博营销的重要组成部分。在互动体系的搭建上，企业应从 4 个方面着手：一是要关注与自身相似和有共通性的"大 V"账号；二是设定搜索关键词，跟踪市场热点和事件；三是针对评论制定规则，如对象选择和重点内容引导；四是在转发和转载上与自身微博定位相一致，并限制转发的数量，更注重原创。

## 5. 活动体系搭建

明确活动目的，围绕活动目的来展开与活动相关的工作，找准活动上线时间点。企业在活动形式和活动的发布频率上要有整体规划，可以借助热门事件开展活动以增加曝光度。图 4-8 所示为微博营销方法论。

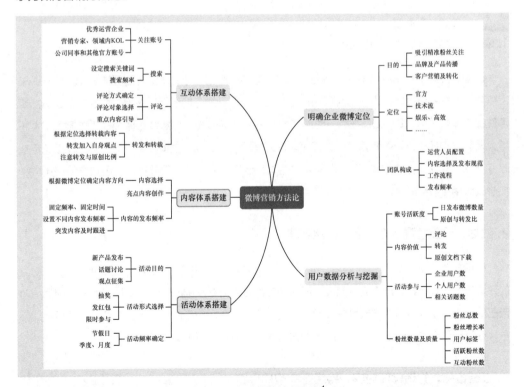

图 4-8 微博营销方法论[1]

---

1 根据知乎中叶落孤舟发布的内容整理。

### 🎁 4.3.4 微博营销策略指南

微博营销包括 4 个步骤，即曝光、触达、心智占领和销售转化，如图 4-9 所示。其中：曝光是从公域流量池引流；触达、心智占领和销售转化是对引流来的私域流量开展持续运营，并达成转化。

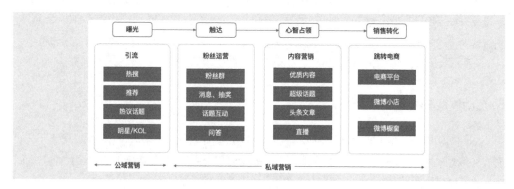

图 4-9　微博营销路径

### 1. 曝光：上热搜，为私域引流

微博是开放平台、热点事件聚集地，随时会有热点产生。企业微博运营可从 3 个方面推进来上热搜：一是制造话题，引发粉丝互动讨论，让话题尽可能多地展示品牌相关信息；二是蹭热点事件的热度，可以借助 KOL 在第一时间使博文有更多的曝光；三是发布原创优质内容，引发粉丝大量转发和评论。如微博营销的标杆企业杜蕾斯总能快、准、狠地开展借势营销，直接利用或改变产品的外形 / 包装 / 标志用作借势海报的图片元素，将与热点相关的词、语句直接引用或稍加修改后用作借势的文案，通过热点事件引发粉丝互动。

### 2. 触达：注重社群运营，增强粉丝互动

微博提供了多种粉丝互动工具，如粉丝群、微博评论、投票、抽奖等，互动可以通过粉丝的评论行为、社区感来产生品牌信任，同时，在线客服与粉丝间的互动能够让粉丝感受到品牌对自己的重视，是提升粉丝忠诚度的关键。如前文所述，与用户形成互动是微博营销的重要组成部分，在互动体系的搭建上，企业应从 4 个方面着手，具体参见前文。

### 3. 心智占领：打造优质内容，持续影响用户心智

现在的微博已成为文字 + 图片 + 视频 + 直播的综合性内容平台，企业微博在内容生态打造

上应形成多元化内容布局，并保证可持续的内容生产，因为优秀的内容是吸引用户、提升黏性的保证。戴森作为小家电品类中首屈一指的品牌，其用户口碑是很好的。微博官方发布的数据显示，戴森的内容资产和用户激发扩散力数据都是较高的，其博文内容自身带很强的话题导向。

**4. 销售转化：社交与电商联动，实现品牌"拔草"**

有了前期的"种草"和"长草"动作，品牌在用户心中已树立起鲜明形象。微博又联合阿里巴巴推出"U微计划"，实现数据层面的全面打通，将社交场景转化为电商场景，完成销售转化。

戴森作为"U微计划"首批试点品牌，成功借助"U微计划"将新品智能扫地机器人打造成热门产品。戴森通过转发某视频，借助微博信息流广告，使戴森品牌信息出现在目标用户微博首页，实现精准触达，随后引发大量用户与戴森官方微博产生互动。最终，视频播放量达到779.7万次，有15.3万名用户前往天猫购买戴森产品或询问相关购买问题。

# 4.4 微博营销的场景及案例

## 4.4.1 借势营销的标杆——杜蕾斯微博营销

杜蕾斯在2011年开通微博，一年之后拥有约310万名粉丝，其粉丝价值不容小觑。如今杜蕾斯官方微博已成为最具影响力的品牌微博之一，也是微博营销成功的代表。这里根据微博官方披露的杜蕾斯营销案例整理出其四大营销策略。

**1. 营销策略一：品牌形象定位，突现人物个性**

在文案组织上，杜蕾斯通过诙谐幽默的语言让粉丝感受到其不只是一个企业品牌，更是一个活生生、有个性的人，并让粉丝感到跟杜蕾斯交流是很开心的事情，从而逐渐在粉丝心中树立品牌形象。杜蕾斯刚开始运营微博时，其目标群体定位是"宅男"。渐渐地，运营团队发现"宅男"不是主要目标受众，这一定位也限制了创意发挥，于是及时调整，重新定位为绅士形象，是一位有点儿"坏"，但是懂生活、有情趣、幽默而不低俗的绅士。

## 2. 营销策略二：紧抓网络热点，利用热点来创造宣传内容

杜蕾斯善于结合热点时事，增加品牌曝光率，同时将优秀的文案与热点事件结合，非常有利于粉丝对这个内容文案进行联想，从而引发讨论互动，如下面的"私奔体"。

@ 王××："各位亲友，各位同事，我放弃一切，和王×× 私奔了。感谢大家多年的关怀和帮助，祝大家幸福！没法面对大家的期盼和信任，也没法和大家解释，也不好意思，故不告而别。叩请宽恕！功权鞠躬。"

"私奔体"火了以后，杜蕾斯借势发布相关内容，起到了良好的品牌营销效果。

## 3. 营销策略三：加强与粉丝的互动，拉近距离

杜蕾斯通过热点话题、固定话题评选等方式与粉丝保持互动，并在回复上做足文章，筛选有价值的内容予以转发至官方微博。

## 4. 营销策略四：善于借助明星热点和各类"大 V"

明星和"大 V"拥有超多粉丝，与他们合作可以使企业营销事半功倍，因此杜蕾斯借助他们来获得更高的关注度。企业微博运营团队时刻关注明星和"大 V"的动态，寻找增加曝光率的机会。

## 🎁 4.4.2 互动营销的代表——星巴克微博营销

星巴克作为休闲餐饮的主流品牌，一直以来都非常重视社群营销，其中开展微博营销是其最重要的营销手段之一。致力于不断创新的星巴克，将其微博账号打造成了与用户互动的门户，使其品牌和产品更具人文情怀，塑造了良好的品牌口碑，并维系了客户关系。

星巴克的微博营销策略如下。

## 1. 营销策略一：挖掘用户群关注点，产出核心传播内容

星巴克强调"星巴克出售的不是咖啡，而是人们对咖啡的体验"，通过研究用户的消费习惯，不断地采取营销策略来满足用户需求。例如，为开展夏日促销活动，星巴克经过分析将目标用户定位为 20 ~ 40 岁、月收入 6000 元以上、讲究生活品位的时尚人群。星巴克为此将活动定为"我的夏日星记忆"活动，突出星巴克的时尚与优雅。这样对于提升品牌效果、锁定消费人群、

传播星巴克的文化理念和经营理念都起到很大的作用。

## 2. 营销策略二：新品推广调动体验分享，产生二次营销

研发新产品是星巴克主要的发展战略。在新产品的发布上，星巴克将微博作为新品发布平台，让用户客观地评价新产品，用户参与互动和晒图分享，激发更多人对新品的渴望并参与活动。例如，星巴克推出了瓶装新品——红茶星冰乐和抹茶星冰乐，邀请来自不同领域的"大V"从不同的角度对新品进行宣传，利用这些"大V"的影响力营销，并吸引不同用户参与体验和发表讨论，然后开展新一轮的口碑营销。

## 3. 营销策略三：互动微博营销，巩固用户体验

提升用户体验、维系良好的客户关系、塑造品牌口碑是星巴克营销的终极目标，为此，星巴克将微博作为与用户保持互动的营销平台，几乎每条微博都给用户留下极具吸引力的互动话题，同时星巴克可以在互动中与用户实现情感上的共鸣，并达到巩固用户体验的目的。例如，星巴克为猫爪杯营销预热，带动用户加入讨论，采取限量发售，营销带有"猫爪杯"的话题，成功将猫爪杯推向用户视野。星巴克利用"限量"等自带传播性的话题，引来全民关注。

同时，星巴克会结合时下热点，发起互动话题和促销活动。例如，"秋天的第一杯奶茶"在秋分当天刷屏各大平台，星巴克巧妙抓住这个话题开展借势营销（见图4-10），博文转发和参与抽奖数均有大幅提升。打造品牌借势文案是一种很好的营销手段，不仅可以吸引用户，也让品牌与年轻用户拉近了距离。

图4-10 星巴克官方微博截图

# 5. 职场社交平台社会化营销[1]

# 5.1 职场社交平台的发展与变革

## 5.1.1 职场社交平台的定义与特征

作为高度垂直化的社交应用，职场社交平台一直以来并没有较清晰且准确的定义及分类。本书将职场社交平台定义为旨在为职场人士构建社会网络以提供针对性服务的互联网应用。注册用户借助职场社交平台可以有效建立、管理及维护人际关系，并交流、拓展、提升职业技能，进行求职招聘、行业交流及职业学习；职场社交平台则帮助注册用户求职、寻找商务合作机会。职场社交平台不仅是求职与招聘工具，还是行业交流、职业学习、商务拓展的综合服务平台。

从所涵盖的人脉拓展、求职招聘及行业交流等综合功能出发，本书中所定义的职场社交平台将与"钉钉"等协同办公平台、"猎聘"等招聘导向平台、"看准"等职场评价类平台区分开来。

本书所聚焦分析的职场社交平台具备以下特征。

（1）聚焦一、二线城市的中高端用户：高收入、高活跃度、高价值。

职场社交平台用户的行业属性和特质更加趋同化，职场社交平台的用户价值更高。据领英中国官方发布的《中国 B2B 品牌海外营销投放指南》：截至 2020 年，领英已有 7.22 亿用户，其中包括 1000 多万个企业首席高管、8600 多万个有影响力的资深人士、4000 多万个大众富裕人士、6300 多万个业务决策者，以及 1700 多万个意见领袖。

不难看出，职场社交平台的用户较集中，中高收入人群占比较高，他们普遍具有很强的驱动力和自我提升的愿望，希望借助职场社交认识对自己有帮助的对象。

（2）主打实名制认证，有利于建立真实、可信任的联系。

虚拟是互联网的魅力之一，让每一个人都能以一种全新的形象出现在网络场景中，但不受约束的"变身"也带来诸多信任问题。在低信任度社交中，用户需要花费大量的时间和精力来辨认对方身份的真实性，极大地增加了社交成本。高信任度的真实社交需求，成为职场社交平台得以发展的基础。

职场社交平台一般主打实名社交，每个用户都是实名认证的，用户所填写的姓名、性别、公开可认证的职业背景、教育背景等都是真实的。通过这种实名方式构建真实线上社交场景，有助于构建人与人、人与企业之间的信用连接，有利于建立长期的信任。

（3）弱关系串联不同群体圈层，背后蕴含商业价值。

美国社会学家马克·格兰诺维特（又译为马克·格拉诺维奇）曾提出弱关系理论。格兰诺维特指出：在传统社会，每个人接触最频繁的是自己的亲人、同学、朋友、同事等，这是一种十分稳定的但传播范围有限的社会关系，被称为强关系；同时，还存在另外一种相对于前一种社会关系更为广泛的，然而较弱的社会关系，被称为弱关系。

格兰诺维特认为，其实与一个人的事业关系最密切的社会关系并不是强关系，而是弱关系。弱关系虽然不如强关系那样坚固，但有着极高的、低成本和高效能的传播效率。

职场社交平台的存在和运转验证了弱关系理论，平台通过用户的一度人脉[1]去撬动不熟悉的二度人脉和三度人脉资源，再去为用户连接和职场相关的一切，例如塑造个人职场形象、了解行业动态、学习新的技能、探寻新的合作、找到新的工作，甚至发现创业的契机。

限于人际交往的复杂性，职场信任体系缺失成为社会痼疾，二度人脉背书有助于解决信任难题。朋友的背书可以增加求职者的信任感，同时企业也能依托关系链对人才做背景调查，最终双方彼此信任。

二度人脉和其背后的职场机遇，以及可撬动的弱关系价值，正是职场社交平台的典型特征。

## 5.1.2 职场社交平台的发展历程

自 2003 年第一个职场社交应用领英上线至今，职场社交平台主要经历了以下两大发展阶段，如图 5-1 所示。

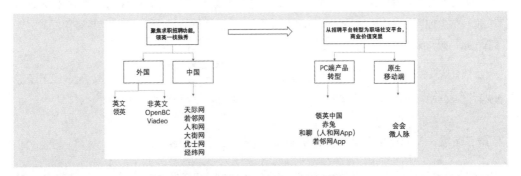

图 5-1 职场社交平台发展的两个阶段

---

1 "一度人脉""二度人脉""三度人脉"等是基于领英平台的概念划分而来的。

## 1. 第一阶段：聚焦求职招聘功能，领英一枝独秀

2003 年，领英网站在美国正式发布，这是首个将六度空间理论应用于职业场景的社交平台。除去领英，国外非英语地区也出现了求职招聘平台。2003 年德国诞生了 OpenBC，后改名为 XING；2004 年，成立于法国巴黎的 Viadeo 曾一度是全球非英语国家市场最大的职场社交平台。

国内最早的职场社交平台要溯源到 2004 年成立的天际网、若邻网，其中，天际网于 2009 年被 Viadeo 收购，随后又陆续出现了人和网（2005 年 5 月）、大街网（2008 年底）、优士网（2010 年 2 月）及经纬网（2011 年 3 月）等。总结起来，这些平台主要满足用户求职招聘、人脉管理两类需求，其中求职招聘等基础服务免费，平台主要依靠其他增值服务获取收入。

这个阶段的中国职场社交平台更像是在职场社交的外壳下进行微创新的单点突破，比如经纬网以名片为切入点、优士网试水金融产品众筹、大街网一度与微博深度捆绑、若邻网转型为人才超市等。但是由于不注重区分工作和生活，这个阶段基本复用领英模式的国内职场社交平台大多未能发展起来。

与国内职场社交平台形成鲜明对照，这个阶段的领英凭借势不可当的增长态势，一度成为具有全球影响力的求职招聘平台。以下简单梳理领英的发展过程。初建时，凭借 5 位创始人在硅谷的知名度和人脉，领英快速发展为一个硅谷精英社交圈，方便同事联系和获取资源。

当时，Facebook 和 Twitter 等移动社交平台尚未普及，邮件是常见的互联网传播载体。领英初建时借助通讯录（又称通信录）上传功能，由用户输入邮箱地址和密码，通过邮件这一传播载体让用户构建自己的社交网络，从而实现病毒式用户增长，注入社交基因。后来，领英又上线群组（Groups）功能，并与美国运通公司合作，提升对小企业主的服务水平，企业服务属性开始显现。

随后，领英陆续推出招聘及高级订阅服务，上线用户简历功能，并且利用搜索引擎优化用户的简历，这一产品功能使得领英的自然访问流量爆发式增长。后其又陆续着手打造职业档案数据库、推荐信、你可能认识的会员等核心功能。至此，领英凭借纯社交属性积累了职场用户，成为具有完备求职招聘功能的平台。

2008 年，领英开始了国际化扩张之路，先是在伦敦开设首个国际办事处，后又上线了西班牙文和法文网站。2014 年，领英开始在中国进行战略布局，成立全球第 26 家办事处。

## 2. 第二阶段：从招聘平台转型为职场社交平台，商业价值突显

2013 年，移动互联网发展到爆发的临界点，成为职场社交平台发展的转折点。在移动互联网经营职场社交的好处在于可以借助读取用户的手机通信录快速建立起一度人脉，而这恰恰是

PC 互联网时代最难以获取的资源。同时，微信分组和屏蔽功能的发展，也为职场垂直社交的崛起创造了条件。

这个阶段的职场社交平台并不是 PC 端产品或服务的跨端迁移，而是随着用户需求衍生为以求职招聘为基础，加上动态更新、职场问答、交友互动等其他综合性的职场需求，这意味着领英等逐渐从求职招聘平台发展为职场社交平台。这个阶段的典型代表主要分为两类：一类是原生于移动端的职场社交软件，比如会会、微人脉等；另一类则是从 PC 端转型到移动端的产品，比如领英中国、赤兔、和聊（人和网 App）、天际网 App、若邻网 App 等。

移动端碎片化的使用场景，可满足用户随时随地进行职场交流、精准关联、发现商机及营销人脉等功能性的职场需求，促进职场人际关系搭建、维护与拓展。同时，有了大数据、算法及定位等技术的加持，职场社交平台通过用户关联性的挖掘可以实现定向推荐，从而更高效地帮助用户主动精准地管理人际关系。

随着职场社交平台的转型，其营销商业价值开始显现。以领英为例，通过全球化扩张和在移动端发力，截至 2020 年，领英已在全球 200 多个国家和地区拥有超过 7 亿用户，成为具有全球影响力的职场社交平台，为进一步的商业化发展奠定了坚实的基础。

随着用户体量的扩大和用户黏性的增强，领英已经不只是单纯的全球职场社交平台，还是企业传播品牌内容的重要阵地。其与生俱来的职业属性，为企业在该平台上的内容传播、品牌构建提供了基础。不少企业开始将自家的领英账号作为重要的内容宣发渠道，通过领英向雇员、客户、供应商、合作伙伴和行业影响者发布相关内容。除了官方账号之外，一些企业高管和员工也入驻领英，开设了自己的个人账号，作为一个展示窗口。

和其他职场社交平台相比，领英具有独一无二的特点——领英是全球规模最大的商业决策者、意见领袖及职场影响力人士聚集的平台。调研显示，领英上 40% 的用户个人资本净值在 65 万元以上，50% 以上的用户家庭年收入超过 100 万元，这些人群对高价值产品和服务有着强大的购买力。而领英拥有上述用户自行注册并更新的完备的个人档案，涵盖地域、行业、职级等丰富属性，加上社交属性，使得领英人群画像的准确性和精准性较高。

基于海量数据和一手真实职场档案特征，领英可以更好地帮助企业触达和连接用户。通过人群细分，企业有可能定向直达某些行业内的目标群体和决定是否购买某种产品或服务的关键决策者群体。基于此，领英逐渐成为可以精准触达核心决策层的营销平台，同时提供针对高净值目标人群的精准化、定制化的推广渠道。无论是 B2B 品牌还是诸如金融、旅游、珠宝等面向高消费能力人群的 B2C 品牌，都能通过领英找到目标契合度较高的客群，从而突破精准流量瓶颈，直达核心决策层。

# 5.2　领英的社会化营销方法论

## 📦 5.2.1　领英的营销价值

在领英活跃的用户通常具有更强的消费能力、更大的消费需求和相对更高维的消费选择，这些用户的潜在变现价值构成了领英营销价值的基础。加之，截至 2020 年，领英已覆盖全球 200多个国家和地区的 7.22 亿用户，其全球影响力所蕴含的能量不容小觑。本书认为领英的营销价值主要体现在以下 4 个方面。

（1）聚焦全球职场圈层营销，触达高质量目标用户群体。

一方面，作为垂直类职场社交平台，领英上聚集着全球专业职场人士，这些用户通常受教育程度高、具有商业头脑、对广告接受程度高；另一方面，领英上传播的话题与信息具有商业性，大多为市场资源共享、商机发现、行业趋势讨论与洞察，相较于其他职场社交平台有着更多围绕商业话题展开的深度内容。

加之，领英覆盖全球职场人士，其资讯也覆盖全球范围，能够帮助营销人员触达全世界的企业，有助于企业"出海"，尤其有助于 B2B "出海"企业定向触达核心客群。

（2）用户身份真实，营销环境天然具备信任感。

领英会聚的都是拥有真实身份的用户，这些真实的工作经历、教育信息、专业技能评价等有助于建立信任关系网络，有助于为企业品牌与用户创造可靠的社交商业环境，让营销回归真实与信任。

据 Business Insider Intelligence 发布的调查，截至 2019 年，领英已连续 3 年蝉联最受用户信任的职场社交平台。而在线上营销中，用户的信任感对营销效果至关重要，因为它会直接影响用户对广告的接受程度和最终转化率，从而最终影响品牌曝光。

（3）借助优质内容培养用户心智，提升品牌曝光度与知名度。

通过在领英上不断发布优质内容，企业可以将自己打造成分享深度知识的行业专家。和广告相比，这些优质内容更能潜移默化地影响潜在用户，有助于增进用户的信任，有利于减少后续的销售摩擦、提升成交率。

同时，因为领英在谷歌具有较高权重，发布在领英的文章通常会被搜索到，有助于企业增加领英平台以外的浏览量和曝光率，这无疑优化了企业品牌在谷歌上 SEO 的表现。

（4）可实现点对面裂变拓客，挖掘潜在销售机会。

作为专业化的社交平台，领英不仅能满足外贸营销拓展和维护客户的基本需求，而且能基于六度人脉理论充分利用现有资源，帮助外贸"出海"人士高效拓客。

在领英，企业可以主动搜索且发送邀请拓宽人际关系，并根据已有资源逐步实现从点到面的客户数量裂变，不仅摆脱了传统点对点平台拓客方式的耗时耗力问题，也保证了客群的基本质量。这使得领英在拓展客户方面拥有独特的平台优势。

营销人员可以从以上方面善加利用领英这一职场社交平台，打造数字时代的竞争力。

## 5.2.2 领英的营销触点分析

与微信、微博等其他社交媒体平台不同，领英专注于商业，用户群体更职业化。加之，领英运营已有多年，沉淀了大量高质量用户，无疑会吸引更多人加入领英交换信息。基于这些真实用户的职业信息等丰富数据，加上领英的数据洞察能力，企业可以在领英精准地打造品牌阵地，触达并培养潜在用户。

本小节选取领英重点关注的营销触点，包括个人主页、公司主页、产品专区、发布动态、发布长文章、私信、直播、活动等，从触点分级和营销策略场景两个方面进行解读。

在这里说明一下触点的分级规则。针对不同触点，从精准性、频次、展现深度、开放程度 4 个维度进行评估，分为高、中、低 3 个级别。触点的级别越高，说明该触点受限越低、越易操作、效果越好，是可以重点应用的用户触点。表 5-1 所示为领英的营销触点分级。

**表5-1 领英的营销触点分级**

| 序号 | 营销触点 | 触点描述 | 触点分级 | 场景展示 |
|---|---|---|---|---|
| 1 | 个人主页 | 主页资料方便让潜在用户快速了解信息，继而产生接触的兴趣 | 中 | |

| 序号 | 营销触点 | 触点描述 | 触点分级 | 场景展示 |
|---|---|---|---|---|
| 2 | 公司主页 | 主页资料方便让潜在用户快速了解信息，继而产生接触的兴趣 | 中 | |
| 3 | 产品专区 | 添加公司相关产品及说明 | 中 | |
| 4 | 发布动态 | 动态可以是文字、图片、视频，长期发布可以逐步树立行业专家形象 | 高 | |
| 5 | 发布长文章 | 发布长文章，表达对行业的深度见解，可以触达和培养目标用户及打造企业品牌 | 高 | |
| 6 | 私信 | 借助私信可以管理与联系人之间的往来信件，也可以直接通过 Message 窗口在线聊天 | 高 | |

| 序号 | 营销触点 | 触点描述 | 触点分级 | 场景展示 |
|------|---------|---------|---------|---------|
| 7 | 直播 | 视频直播功能为测试版，仅供领英会员和满足特定条件的领英用户使用。此特定条件是为了确保可以为拥有重要领英客户和曾创作过高质量专业视频内容的现有内容创作者提供访问权限 | 高 | 仅对部分市场开放 |
| 8 | 活动 | 领英会员可以用此创建和参加其感兴趣的专业活动，例如聚会、在线研讨会等。领英会员可以使用该功能查找和加入社区、发展业务、与他人建立联系和学习新技能 | 低 | 仅对部分市场开放 |

下面将领英平台的营销触点，包括个人主页、公司主页、产品专区、发布动态、发布长文章、私信、直播、活动等的基本情况介绍如下。

（1）个人主页。

领英个人主页的个人资料表明了你是怎样的一个人或企业，这是与陌生联系人建立信任的基础。在打造个人主页时，要注意以下细节。

照片：大部分用户喜欢用身着商务服饰的照片。

职位：用户可列出目前及过去的工作职责清单，包括时间、头衔、工作内容、岗位职责等信息。

工作业绩：用户可概述自己的主要业绩。

教育背景：用户可列出自己受过的教育和参加过的培训。

链接：用户可以添加链接，大多数用户会列出其博客链接、公司网站等。

（2）公司主页。

企业可以在公司主页上展示相关内容吸引潜在用户，加强与现有用户关系。

（3）产品专区。

产品专区是公司主页的一个模块，主要目的与公司主页相同，侧重点是企业的某种业务、产品或项目。

（4）发布动态。

发布动态可以是图片、文字和视频，要发布与自己行业和专业相关性强的内容，长期发布可以逐步树立行业专家形象。

（5）发布长文章。

在领英发布长文章表达对行业的深度见解，可以触达和培养目标用户及打造个人与企业品牌。发布的长文章越多，意味着可信度越高，职业档案越有竞争力。

（6）私信。

私信的功能更接近电子邮件，但研究表明，领英私信的回复率高于普通电子邮件。借助私信可以管理与联系人之间的往来信件，也可以直接通过 Message 窗口在线聊天。

（7）直播。

企业通过直播方式，在领英的线上职业社区深入地与目标用户进行高效互动。企业可以把领英直播当作一个复推已有内容的新渠道，用于宣传新产品、塑造企业品牌形象，或者提升行业影响力。要使用领英直播，需要单独申请开通权限。

（8）活动。

领英活动是主页的一个功能，可以在企业主页免费申请。领英活动支持企业在领英平台推广、宣传与举办各种形式和以营销为目的的线上活动，最大化利用销售线索表单和出席观众重新定位功能。

注意：领英直播和活动功能仅对部分市场开放。

### 5.2.3　领英的社会化营销路径

领英完整的营销路径包括品牌曝光、建立认知、占领心智和销售转化 4 个阶段，如图 5-2 所示。企业在不同阶段采用不同的营销手段，以达到各阶段的营销目标，同时促使用户不断地向下一个阶段转化。接下来展开详细阐述。

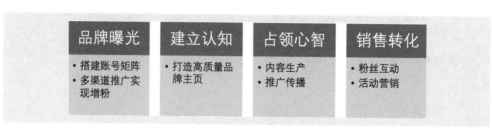

图 5-2　领英完整的营销路径

## 1. 品牌曝光：体系化搭建领英账号矩阵，多渠道推广提升关注量

首先，企业选定员工开通领英个人账号，然后被选定员工作为管理员申请开通企业主页账号，根据企业品牌曝光需要进一步开通企业 CEO 或高管个人账号，体系化搭建企业和员工领英账号矩阵，最大化地吸引目标用户的注意力。

打造好在领英的公司主页是基础，接下来通过多种渠道的曝光和宣传，才能实现公司主页关注者数量的持续增长。而公司主页的关注者数量越多，后续企业在平台发布文章、动态、视频等内容才会越有价值。

首先，企业要利用领英的规则实现关注者数量增长。按照领英的规则，每位管理员每月有100 个邀请配额，每邀请一位用户将消耗一个邀请配额，被邀请用户接受邀请成功关注公司主页后，所消耗的配额将返还给邀请者，每月的配额数量独立不累计。企业领英账号的管理员要好好利用配额，邀请自己在领英的一度人脉关注公司主页，扩大公司主页知名度。另外，要重视拓展好友的社交圈，一度人脉的好友也是重要的潜在关注者，值得好好经营。

其次，企业领英账号的管理员可以通过分析调研，了解公司主页的关注者构成及特征，有针对性地开展可增长粉丝的活动。

除好好利用领英规则外，企业还可以采取跨平台推广策略，比如在企业的官网、微信公众号、微博等其他媒体平台中展示企业领英账号，加速其曝光和导流。

## 2. 建立认知：打造高质量品牌主页，激发粉丝兴趣，提升关注量

领英的公司主页不仅是企业品牌的门面，还是宣传产品的巨大流量池。企业只有用心打造主页品牌阵地，才能让潜在用户快速了解和认识企业，继而产生继续接触的兴趣。同时，领英官方数据显示，相比信息不完整的公司主页，信息完整的公司主页的每周浏览量会提高 30%。因此，不管是打造公司品牌阵地还是提升账号数据表现，完善领英公司主页都很有必要。

和微信等其他社交平台不同，在领英平台，打造公司主页需要突出专业度，着重塑造和呈现职业属性、工作属性及商务属性。一个能让用户快速、准确认识企业的领英公司主页应涵盖以下内容。

**企业概况**。企业概况包括企业主营产品及服务、相比其他竞争对手的优势，企业使命、愿景、故事和目标等。

**品牌标志**。品牌标志是品牌视觉的核心体现，品牌标志的重要性也体现在整个品牌视觉系统

当中；相比没有标志的公司主页，有标志的公司主页的流量最高能提高 5 倍。

**地址。** 浏览领英公司主页的用户很想知道企业在现实中的地理位置，因此添加企业地址，让用户知道企业真实存在有助于提升企业信誉度。同时，企业可以在领英公司主页添加多个地址，以此彰显企业实力。

**网站链接。** 企业应在主页留下联系方式、电子邮箱等详细信息，方便引导用户参与互动或进一步了解产品或服务。

### 3. 占领心智：持续打造高质量内容，培养用户心智，增强用户信任度

在领英打造好公司主页是基础。如何利用有效的内容营销进行运营及沉淀、延长吸引粉丝效应、增强用户黏性、培养用户心智是这部分重点讨论的问题。接下来，将从内容生产和推广传播两个环节展开阐述。

（1）内容生产。

**方法一：贴合领英特性，打造以用户需求为核心的价值内容，形成行业影响力。**

领英官方数据披露，领英用户消费内容主要集中在以下 5 项。

与用户的切身利益相关、信息量丰富并富有教育意义、最新行业动态及趋势分析、鼓舞人心、对技能发展有帮助的内容。

如何识别目标用户的痛点？企业可以向销售人员甚至用户直接了解营销需求、应用场景和遇到的问题；可以举办一些市场活动，或是开展一项市场调研，主动收集用户反馈信息，了解用户的产品需求、人群分布特征、行为偏好及行为趋势等；也可以对领英广告数据进行分析，了解用户更喜欢哪些内容，从而有针对性地打造用户需要的内容；还可以根据不同话题建立对应的标签，便于用户检索和阅读。

领英用户大多是商务人士，他们的心理信任门槛更高，更希望看到专业、有深度的内容，而不仅仅是自卖自夸的广告。因此，企业在领英发布内容的选择上，要重点考虑自身账户在哪些话题领域最可能树立专业形象。同时，企业应倾向于打造具有思想引导力和影响力的内容，具体方向包括：围绕行业动态、趋势发表观点，树立行业领跑者的形象，比如发布行业白皮书等；围绕目标用户在工作中遇到的具体业务问题，提供对他们有帮助的产品方法论、实践策略，从而更好地帮助用户，比如发布产品手册、同行业案例分析等；围绕企业愿景和企业文化、人才发展，传递企业的价值。

除此之外，企业还可以结合产品和行业发布一些人文关怀、热点信息等，拉近与用户的距离。企业参加或举办公益活动等传递正能量、体现企业社会责任感的信息也可以在领英公司主页发布，甚至置顶，这对树立良好的企业形象是非常有利的。

总之，企业应坚持以用户最关心的内容展现品牌承诺的内容及业务能力，提升品牌信誉。

**方法二：围绕用户生命周期，分阶段创作定制化内容。**

在内容的发布规划上，企业可以围绕用户生命周期制订内容日历，有针对性地发布内容。

用户生命周期一般分为注意、产生兴趣、搜索、购买、使用体验、口碑分享等过程，可以分为认知、考虑和偏好阶段。企业可根据目标用户的不同阶段，生产不同的内容。

首先，通过相关的话题与目标用户建立联系，使其产生认知；其次，通过解决问题与目标用户建立信任，使其产生进一步探索的兴趣；最后，描绘具体使用场景，使目标用户完成从兴趣到需求的跨越。

（2）推广传播。

**方法一：坚持"以人为本"推广策略，鼓励员工参与互动。**

员工是品牌有效的接触点，可以带来更广的触达面和更高的参与度。人与人容易彼此信任，人作为接触点，能够给企业带来巨大的影响。企业员工能够为品牌带来高触达量和高参与度，效果甚至比公司主页的品牌营销效果好。

领英官方数据披露，平均而言，企业员工的触达量是雇主公司主页的 10 倍，如图 5-3所示。

图 5-3  企业员工触达数据

**方法二：精准定向投放，一对一靶向瞄准，输出差异化内容。**

为了有效地发挥内容的价值、释放品牌的潜能，企业除了创造优质的日常内容，还可以对重要的内容进行付费推广，从而实现增粉和互动。

企业要基于领英广告数据，并参考营销漏斗和用户旅程分析，根据用户认知的不同阶段输出差异化内容，实行一对一的靶向瞄准，实现目标人群的有效触达。比如：在品牌认知阶段，以与用户建立联系的内容为主；在用户考虑阶段，以行业解决方案为主，持续提供专业内容以建立信任关系；在偏好阶段，以加深与用户的关系为目标，主要通过典型成功案例等内容来达成这一目标。

## 4. 销售转化：增强粉丝互动，最大化活动产出，有效获取业务商机

接下来主要从粉丝互动和活动营销两个环节展开阐述。

（1）粉丝互动：积极与粉丝进行情感互动，累积潜在用户，促进转化。

企业的领英平台可以规模化地对粉丝进行低成本、高频次的覆盖，增加与粉丝互动的触点，降低粉丝对品牌的陌生感。

企业通过粉丝评论、点赞及私信互动，建立领英线上社区，与用户保持互动，提升用户好感度，在适当的时机进行个性化或情感化的品牌沟通，长期培育用户的黏性及关注度，促进销售转化。

（2）活动营销：线上、线下活动联动提升粉丝参与感，有效获取业务商机。

企业可以通过线上和线下活动的形式来让更多的粉丝参与产品研发、宣传及建议等多个环节，让粉丝有参与感，以及增强粉丝对企业和产品的亲切感。一个成功的活动能够扩大企业知名度、增加粉丝量，甚至直接产生转化。

这部分主要讲企业如何全面利用领英的产品，使活动的产出最大化，从而进一步获取业务商机。

在活动前期，企业通过公司主页的领英活动（LinkedIn Events）创建与活动相关的内容和视频，同时邀请并及时提醒所有关注者或者对接人参加这个活动。这个活动的受众不只是自己公司主页的关注者，因为在领英上活动是对外公开的，参与者可以将活动直接分享给自己的好友。

为了提升活动的曝光量、增加活动报名人数，企业在开启报名前要进行活动预热，联动私域流量和公域流量对活动进行多渠道曝光。

私域流量包括企业自有营销数据库、企业官网访客再营销、官方社交媒体账号内容发布、企业员工 / 演讲嘉宾社交媒体平台转发。其中：员工的人际关系资源可以增加活动的有效曝光量；演讲嘉宾的转发会增加互动量，也会拉近演讲嘉宾和参加者的距离。

公域流量包括购买行业数据库、发布垂直行业媒体广告、购买社交媒体流量、购买短视频平台流量等。

好的活动预热可以让用户清晰地了解到完整的活动信息，并且很快判断出与自己专业的相关度，从而决定是否报名参加。企业在不同的宣传渠道可以利用不同的广告及内容方式预告活动，从而有效触达更广泛的潜在用户群体。

领英在 2019 年新增了直播功能——领英直播（LinkedIn Live），企业可在活动当天开展现场直播。需要注意的是，要使用领英的直播功能，需要单独申请开通权限，建议有需要的企业提前申请开通。

同时在活动后的 1 ~ 3 周，企业也要积极分享与活动相关的话题，对话题内容展开讨论，分享会议内容和资料，与用户持续保持互动，建立长期的关系。

# 5.3 领英的社会化营销场景及案例

## 📦 5.3.1 打造全球品牌宣传阵地，巧借领英提升活动声量

本小节选取 ICT 基础设施和智能终端提供商华为在领英的公司主页为例，详细介绍公司主页运营技巧。

### 1. 完备的公司主页和产品专区，打造品牌宣传第一窗口

当用户进入华为在领英的公司主页后，可以第一时间了解并获取华为相关的详细信息，包括所处的行业、所在地区、公司详情（包括英文版介绍、可直接跳转的公司网站、公司规模、专注领域、创立时间等）、14 个公司的其他领英账号、可直接跳转的产品专区等。图 5-4 所示为华为在领英的公司主页。

图 5-4 华为在领英的公司主页

这些完备、丰富的信息和链接，让人可以迅速了解华为的整体情况。通过直接跳转至公司网站及产品专区矩阵，用户可以直观地感受到华为业务的丰富性和国际化，从而对华为产生良好的认知和印象。

## 2. 持续更新内容动态，既有产品硬知识也有社会责任等软内容

通过分享丰富的硬件产品及系统信息、明确的链接、热门的话题标签等，华为在领英平台为全球用户构建了一个互动交流的渠道，持续输出公司最新动态和活动，强化用户对华为的认同感，以此拉近品牌与国内外用户之间的距离，从而提升品牌影响力，挖掘更多潜在的销售机会。图 5-5 所示为华为在领英的公司主页动态。

图 5-5 华为在领英的公司主页动态

值得一提的是，华为更新的内容动态中，除了与华为产品及活动等业务强相关的内容，还有参与公益活动和体现国际责任感的相关内容，如图 5-6 和图 5-7 所示。丰富多元的内容有助于展示企业的不同面，有利于提升华为的国际美誉度，提升用户对品牌的好感度。

图 5-6　华为在领英的公司主页公益活动相关动态 1　图 5-7　华为在领英的公司主页公益活动相关动态 2

### 3. 巧用领英平台的短、平、快宣传，持续为活动线上造势，提升声量

华为通过领英平台助力活动线上、线下联动，在活动前、中、后各阶段实现对用户的全面覆盖，触达营销的核心场景，持续为活动造势，提升声量。

以华为 2021 年 6 月 9 日在线下举办的全球网络安全与隐私保护透明中心（东莞）正式启用典礼活动为例。围绕此次活动，华为在领英的公司主页在本次活动的前、中、后各阶段发表了数条相关动态，持续为活动宣传造势。

华为在活动前 1 周、1 天、几小时各发布活动预热动态 1 条，如图 5-8、图 5-9、图 5-10 所示，通过动态内容链接到官网活动主页，为活动导流预热。

图5-8　活动前1周，华为在领英的公司主页　　　图5-9　活动前1天，华为在领英的公司主页
　　　　更新活动动态　　　　　　　　　　　　　　　　　更新活动动态

图 5-10　活动前几小时，华为在领英的公司主页更新活动动态

　　活动当天，华为通过领英平台陆续发布 3 条相关活动动态，包括活动整体宣传、活动嘉宾发言等内容，增加活动曝光，如图 5-11、图 5-12、图 5-13 所示。

　　活动结束后，华为在领英的公司主页陆续更新活动相关文章及内容，延续活动的影响力，持续影响用户心智，如图 5-14 所示。

　　华为借助领英这一职场社交平台，短、平、快地在活动前、中、后阶段持续曝光活动内容，最大限度地增强活动影响力。

图5-11　活动当天，华为在领英的公司主页　　　　图5-12　活动当天，华为在领英的公司主页
　　　　　更新活动动态　　　　　　　　　　　　　　　　　更新活动嘉宾相关动态1

图5-13　活动当天，华为在领英的公司主页　　　　图5-14　活动结束后，华为在领英的公司主页
　　　　　更新活动嘉宾相关动态2　　　　　　　　　　　更新活动相关动态

## 5.3.2　持续输出内容、表达观点，提升CEO影响力

本小节以中国大数据分析和营销科技服务商神策数据创始人及CEO桑文锋的领英个人主页为例，介绍公司高管的个人领英页面运营技巧。

## 1. 完备的个人主页，让人快速了解职场履历，建立信任

资料完备的个人主页可以让人快速了解一个人的身份和职场履历，从而有利于建立信任和进一步的联系。

进入桑文锋的领英主页（见图 5-15），可以清晰地看到其教育经历（见图 5-16）、工作经历（见图 5-17）、所在地区及行业、精选技能及他人的推荐信，并且其头像是正面真人照，可以让人迅速认识和了解他，从而拉近与粉丝的距离，产生信任。

图 5-15　桑文锋的领英主页　　　　　　　图 5-16　桑文锋的领英主页教育经历

图 5-17　桑文锋的领英主页工作经历

## 2. 保持每周2~3条的动态更新频率，持续进行个人主页运营

通过对桑文锋公开发布的动态内容进行综合分析发现：其个人主页平均每周会更新 2 ~ 3 条动态，其通过持续地输出内容，实现个人及公司的品牌曝光。

为了贴合领英的职场社交平台特性，其更新的内容大多为大数据分析行业认知（见图 5-18）、职场思考（见图 5-19）、团队管理（见图 5-20）等专业的干货；同时，其还会发布读书分享（见图 5-21）、日常生活感知（见图 5-22）等与个人生活相关的内容，拉近与关注者的距离，有利于粉丝留存和提升粉丝黏性。

图 5-18　桑文锋的领英主页行业认知相关动态

图 5-19　桑文锋的领英主页职场思考相关动态　　　图 5-20　桑文锋的领英主页团队管理相关动态

图 5-21　桑文锋的领英主页读书分享相关动态　　　图 5-22　桑文锋的领英主页日常生活感知相关动态

同时，其创立了"团队管理那些事""文锋书单"等标签，定期输出相关内容，让关注者养成阅读习惯，有利于粉丝留存。

### 3. 针对热门话题及时输出观点，提升个人影响力

通过"领英资讯"等板块内容，发现社会关注度高的热点内容和话题，及时通过领英平台发表个人看法及观点，能够有效吸引粉丝的关注，并且有机会得到领英官方的推荐，从而进一步增加曝光量、扩大影响力。

比如，针对华为发布 Harmony OS 的热点事件，桑文锋在领英平台发表了自己的看法和观点（见图 5-23），引发很多关注者的点赞和评论；通过内容的持续发酵和互动，这条动态被领英官方资讯团队选入精选内容（见图 5-24），无疑增加了这条动态的曝光量和扩大了影响力。

图 5-23　桑文锋发布 Harmony OS 相关动态　　　　图 5-24　Harmony OS 相关动态被领英

资讯团队列为精选内容

### 4. 加强与公司账号联动，持续导流，沉淀粉丝流量池

桑文锋的领英主页会与神策数据公司主页进行账号联动（见图 5-25），转发的动态也会呈现在关注者的信息流中，从而实现两个账号之间导流宣传。与其他社交平台不同，在领英平台，转发公司主页的内容会更自然，不会被视为硬广告而影响用户体验。

此外，在个人页面设置、发布的动态等中进行个人微信号展示（见图 5-26），可以将领英的关注者导流到微信等熟人社交平台，通过微信平台的私域流量运营沉淀粉丝流量池，从而实现领英平台与微信平台的联动，进一步保持与粉丝的互动，提高实现更多曝光和互动的可能性，持续影响、积累粉丝，传递个人品牌价值。

图 5-25　桑文锋转发神策数据相关动态，进行账号联动

图 5-26　桑文锋进行个人微信号导流

# 6.

## 内容社区社会化营销

# 6.1 内容社区的发展与变革

## 6.1.1 内容社区概述

内容社区是在陌生人社会中，通过内容的即时生产、基于兴趣的传播 / 开放展示及长效沉淀来实现信息生产、流通和消费的社交载体，本质在于人与内容的连接。大多数内容社区会采用一定的审核机制来确保内容符合社区调性，并通过算法推荐等推动用户关系建立和社区良性发展。

内容社区以内容为核心，也可以理解为以内容生产者为中心。内容生产包括 PGC（专业生产内容）、UGC（用户生产内容）、专业用户生产内容（Professional User Generated Content，PUGC）等。随着互联网用户结构的多元化，内容生产由精英主导逐渐向大众共同创造转化。

根据用户的潜在兴趣和爱好匹配不同内容标签、兴趣标签和媒体平台标签，内容社区可以分为文娱类内容社区、知识类内容社区、生活方式类内容社区、旅游类内容社区、母婴类内容社区、美食类内容社区、汽车类内容社区等，如图 6-1 所示。

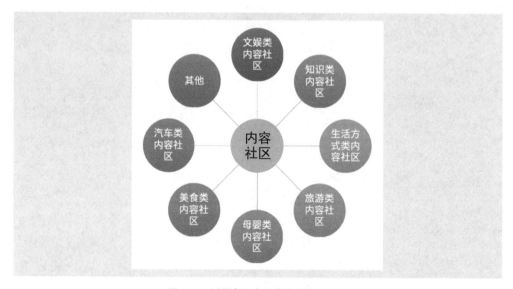

图 6-1 以用户为中心的内容社区分类

近年来，互联网、人工智能、大数据等技术的发展，推动着创业者和投资方加速布局内容社区领域；同时，内容社区的内容生产、分发和推荐机制逐步完善，加速推进内容社区市场的发展；除此之外，用户对内容创作、分享和传播的欲望越发强烈，品牌对内容营销的需求量进一步提升，这些都在推动内容社区高速发展。据 CIC Report 统计，自 2015 年发展至今，内容社区市场规模呈逐年增长趋势，预计 2024 年将达万亿元规模，如图 6-2 所示。

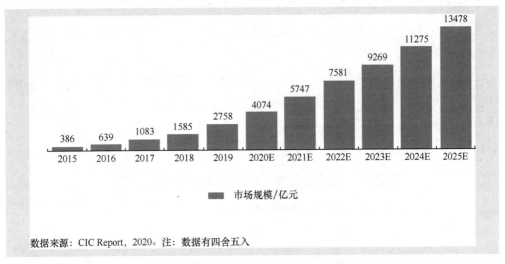

数据来源：CIC Report，2020。注：数据有四舍五入

图 6-2　2015—2025 年中国在线内容社区的市场规模（图中的"E"表示"预测"）

内容社区的发展历程主要经历了网络论坛、垂类社区、内容电商 3 个阶段，如图 6-3 所示。

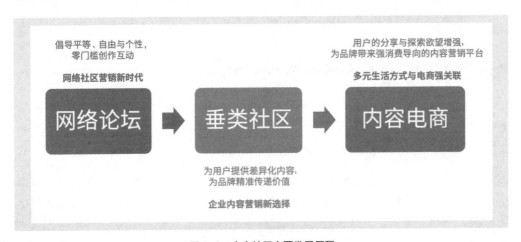

图 6-3　内容社区主要发展历程

## 1. 内容社区1.0：以用户交流会聚为核心的网络论坛

在内容社区发展初期，用户注册网络论坛后，在法律允许的范围内，可以零门槛交流互动、发布内容。由于这一时期的内容信息量大、传播速度快，内容的质量与真实性有待考证。

尽管如此，网络论坛还是因高人气及强大的聚众能力被众多企业青睐并用于营销传播。企业通过文字、图片、视频等方式发布产品和服务信息，进行品牌宣传与市场营销。

这一阶段典型的代表是天涯社区，《明朝那些事儿》《鬼吹灯》等知名网文都在天涯社区首发连载，足以看出天涯社区在该阶段的受欢迎程度之高和用户覆盖面之大。在之后的发展过程中，天涯社区综合用户习惯、用户需求和用户体验，通过统计手段将信息整合分类，形成聚焦的话题板块，并在 2007 年上线 Adtopic[1]，为企业的营销提供了新的选择。图 6-4 所示为天涯社区小米有品智能血糖尿酸双功能测试仪相关内容。

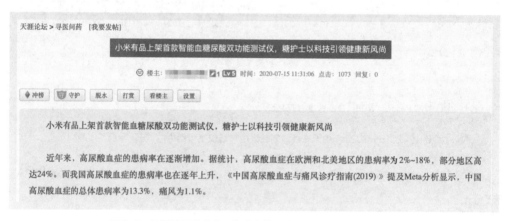

图 6-4　天涯社区小米有品智能血糖尿酸双功能测试仪相关内容

## 2. 内容社区2.0：兴趣社区圈层化，统一用户归属感

20 世纪末 21 世纪初，一大批垂类内容社区涌现，比如为 IT 人员提供全面的信息传播和服务的平台 CSDN，以篮球论坛起家、以专业体育营销为根基的社区平台虎扑，以书影音起家并提供关于书籍、电影、音乐等作品信息的豆瓣等。

垂类内容社区作为内容社区的重要组成部分，在这一阶段，在产品框架、功能设计和画面风格方面都在尝试靠近用户偏好，通过差异化来会聚相同属性的用户。对于企业来说，过度商业化的营销与过硬的广告会导致投入产出比越来越低。为了在用户转化阈值逐渐增高的当下取得更好

---

1　天涯 Adtopic 是为广告主提供的分众互动关系营销服务，又称话题广告。

的营销效果，企业会选择与自身行业与领域相匹配或关联程度较高的垂类内容社区，通过输出不同形式的圈层化内容，尝试更为精准地触达目标用户。

豆瓣是这一阶段的典型代表，其内容包括书评、影评、乐评等，同时提供书籍、电影推荐，以及兴趣社交、物品交易等多种服务。站长查询显示，豆瓣的百度权重值为 8。考虑到豆瓣庞大的活跃用户群，企业开始将营销目光放在豆瓣上，通过内容传播实现品牌和产品曝光。图 6-5 所示为豆瓣云南丽江旅游小组内伯曼旅行相关内容。

图 6-5　豆瓣云南丽江旅游小组内伯曼旅行的相关内容

### 3. 内容社区 3.0 ：面向消费场景进行内容输出与投放，引导消费

新零售时代，人、货、场经历了天翻地覆的变化，"人找货"逐渐转变为"货找人"。内容社区抓住此契机，以消费场景传播及"种草"等方式增强用户对产品的感知与信任，在购物的场景下完成产品购买。

内容电商模式的核心是为用户打造沉浸式、冲动式的消费环境，引导用户在查看内容的过程中不由自主地完成转化。因此，企业可以通过内容电商的社区模式与用户建立深度连接，轻松实现从内容发布到变现。

年轻人的生活方式是小红书宣传和关注的重点，它以 UGC 为平台核心，内容覆盖护肤彩妆、时尚穿搭、运动健身、旅行、电影、明星等 18 个话题，结合福利社的自营电商模式来帮助企业通过购物笔记在用户之间实现口碑传播，并借助网络红人与明星效应，进一步增强用户对品牌的感知和信任，从而引导消费。图 6-6 所示为小红书完美日记新品"羽毛"粉饼相关笔记。

图 6-6　小红书完美日记新品"羽毛"粉饼相关笔记

## 📦 6.1.2　小红书——内容与电商的融合

小红书成立于 2013 年，雏形是一份名为《小红书出境购物攻略》的 PDF 文件，包含美国、日本、韩国等多个国家的旅游购物指南。这份文件在不到一个月的时间里，下载量突破了 50 万次。同年 10 月，小红书 App 正式亮相。（本书所提及的小红书，均指 App 形态的小红书。）

小红书成立的前半年，主打购物笔记分享，通过多元内容聚合了一大批目标用户。随后，小红书福利社（电商平台）上线，自营保税仓随之建立，小红书逐步将电商融入其内容属性中。

在规模扩张与流量增长的过程中，小红书的营销价值逐渐凸显。伴随着品牌号（2020 年 1 月 14 日更名为企业号）功能上线，越来越多的品牌在小红书发现了新的内容营销与增长可能。本书基于小红书营销功能上线的重要节点，梳理出其主要发展路径，如图 6-7 所示。

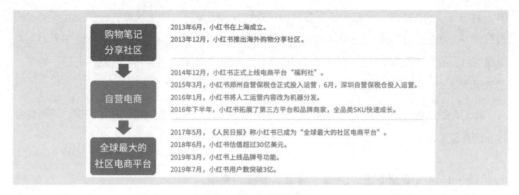

图 6-7　小红书发展路径

小红书通过用户经验分享，将有共同兴趣爱好的用户聚合在一起，其首页以信息流的形式进行笔记展示，以实现高效的信息传达与互通。

对于用户来说，一方面，小红书内容导向性的特征能够帮助其解决购物前选择成本高、决策困难等问题；另一方面，用户通过平台提供的内容引导、工具支持、版权保护，以短视频、图文等形式记录、分享生活，有共同兴趣和标签的用户也能聚集到一起，逐步发展成为 UGC 或 PUGC，为个人账号附加商业价值。

对于品牌方来说，其可以通过企业号分享产品、企业文化等吸引用户并积累粉丝，也可以与个人账号进行商务合作，包括明星、KOL 等，实现用户高效留存与黏性增强，完成从公域向私域的转化，进行转化引导。

# 6.2　小红书营销价值及生态构成

## 6.2.1　小红书营销价值解读

小红书对品牌而言的营销价值，核心在于内容商业化，主要表现在品牌曝光和转化变现两方面。通过对小红书生态内的用户行为进行分析，对转化关键节点深入洞察，笔者发现小红书从"种草"（这里指推荐给他人自己感兴趣的事物）到"拔草"（这里指购买行为）的完整过程如下。

用户有了购买需求，会在小红书搜索相关商品并查看笔记，即接收其他用户或品牌的"种草"；用户可能会在某一条笔记中直接跳转至小红书福利社下单，也可能会退出小红书至第三方电商平台 / 品牌自营商城 / 线下门店等进行购买，也就是"拔草"；当用户使用商品之后，如果产生分享欲望，那么便可以通过小红书发布笔记，为更多的用户"种草"。

也可以把上述"用户从笔记来到笔记去"的过程看作企业从流量获取到转化变现，再到裂变拉新的完整过程。

## 1. 价值一：达人资源丰富，品牌"种草"便捷、精准

截至 2020 年 9 月，小红书活跃 KOL（每周更文 4 篇及以上）突破 10 万名，并长期处于平稳上升趋势，活跃度及互动意愿不断提升。另外，粉丝活跃度 60% 以上的 KOL 的占比为 63.63%，粉丝黏性强、商业价值高。

对于企业来说，一方面，其能够在小红书平台快速圈选合作账号、展开营销合作；另一方面，其基于对 KOL 和 KOC 账号的分析，可实现更精准的内容投放和全域高曝光。

## 2. 价值二：千万级日活跃用户，用户画像清晰完整

通过了解用户使用小红书的目的、频次与评价，我们能够看到小红书在满足用户产生购买需求后的第一时间搜索、发现方面有着明显优势。据 QuestMobile 的数据，2021 年 4 月，小红书平均每天有近 4000 万名活跃用户。同时，千瓜数据发布的《2021 小红书活跃用户画像趋势报告》显示：小红书 2020 年笔记发布量近 3 亿条，每天产生超 100 亿次曝光；活跃用户呈年轻化趋势，年龄主要集中在 18 ~ 34 岁，占比 83.31%；以女性用户为主，占比 90.41%，都市白领、职场精英女性是小红书主要用户群体，用户消费能力强；从用户关注焦点来看，小红书用户关注的 TOP5 分别是彩妆、护肤、穿搭、正餐、减肥运动。

品牌方可以通过大量的"种草"和互动与用户建立亲密联系，持续传递品牌价值与形象，维系用户对品牌的信任与忠诚。

对于很多用户来说，虽然购物的动作可能会在第三方电商平台发生，但其查询、对比与了解的步骤一般会在小红书进行。"除了巨大的流量价值，品牌可以在小红书实现与用户的共创，更好地连接用户，从而产生更好的价值。"小红书相关负责人表示。

同时，用户在消费并使用商品之后，也可以自发至小红书发布笔记、购物心得、好物推荐等，使品牌进行新一轮的曝光、引流与变现。

### 3. 价值三：数字化营销工具赋能，营销与触达全链路可控

小红书为企业提供内容编辑、算法推荐、数字化营销及数据看板等多种数字化营销工具，为品牌方内容的策采编发过程提供支持。

在具体实践场景中，品牌方可以基于小红书提供的数字化营销工具完成丰富、创意性的营销内容，通过关键词布局、账号权重提升等动作提升平台推荐率和收录率，借助私信群发、智能回复、个性化营销模板与用户建立亲密联系，采用抽奖、商业话题等工具增强与用户的互动。更重要的是，品牌方可以在小红书提供的数据看板中，清晰查看营销活动的效果与用户反馈，为后续的营销优化提供决策依据。

### 4. 价值四：小红书福利社开放入驻，增加品牌线上销售入口

小红书福利社是小红书自营电商平台，企业可按照商家入驻规则申请入驻，打通品牌号等社区内容与电商的生态连接，比如在笔记中加上商品链接实现从笔记到商品的一键跳转，在品牌号主页增加福利社店铺或线下门店地址实现小红书生态内的直接转化或线下门店的引流。

## 🎲 6.2.2 小红书生态基本构成

随着小红书营销价值的凸显，越来越多的企业开始借助小红书进行品牌营销，一方面持续传递品牌 / 商品价值，另一方面构建新的购物场景，将用户从公域转向私域，推动精细化运营。小红书生态包括社区、企业号、福利社 3 个部分。

### 1. 社区

小红书社区覆盖多个领域，每天产生超过 70 亿次的笔记曝光，其中超过 95% 为 UGC。

### 2. 企业号

小红书企业号连接用户与品牌方，帮助品牌方在小红书完成一站式闭环营销，为品牌方提供全链条服务。

### 3. 福利社

小红书福利社是小红书的自营电商平台，用户在福利社可以一键购买来自全世界的优质美

妆、家电、零食等商品。

下面从常见的营销触点分级和营销策略场景详细解读小红书商业生态。表 6-1 所示为小红书营销触点分级。

**表6-1　小红书营销触点分级**

| 序号 | 触点 | 触点分级 | 触点描述 | 场景展示 |
|---|---|---|---|---|
| 1 | 笔记（图文/视频） | 高 | 基础功能。用户可发可看，可根据偏好关注创作者，或点击头像进入创作者主页。如需发布15分钟以上的视频，需申请视频号 | |
| 2 | 直播 | 中 | 直播权限需申请 | |
| 3 | 福利社 | 高 | 用户可在福利社直接下单完成商品购买 | |

| 序号 | 触点 | 触点分级 | 触点描述 | 场景展示 |
|---|---|---|---|---|
| 4 | 互动 | 中 | 在图文、视频、直播等内容结尾处点赞或评论，用户可对评论再次点赞、回复，也可点击头像进入评论者个人主页 | |
| 5 | 站内消息 | 低 | 直接与用户私聊，频次过高会导致用户反感 | |
| 6 | 个人主页 | 中 | 用户进入创作者主页可看到创作者的完整信息，通过企业号个人主页界面的"店铺"可直接进入福利社的官方旗舰店或被导流至线下门店 | |

下面从频次、展现深度、精准性和开放程度 4 个维度做分数评估，详细分值如表 6-2 所示。

**表6-2 小红书触点分值表**

| 序号 | 营销触点 | 触达等级评分 | | | | |
| --- | --- | --- | --- | --- | --- | --- |
| | | 总计 | 频次<br>30% | 展现深度<br>30% | 精准性<br>30% | 开放程度<br>10% |
| 1 | 笔记（图文/视频） | 62 | 77 | 68 | 34 | 80 |
| 2 | 直播 | 36 | 33 | 48 | 29 | 29 |
| 3 | 福利社 | 69 | 76 | 80 | 68 | 18 |
| 4 | 互动 | 36 | 78 | 18 | 10 | 41 |
| 5 | 站内消息 | 25 | 37 | 19 | 13 | 44 |
| 6 | 个人主页（简介、背景图等） | 31 | 18 | 46 | 14 | 76 |

综合来说，福利社在小红书生态中属于高精准转化触点，但并非向用户全面开放。用户在此的行为路径为：进入商品详情页→立即购买→付款成功。用户"走完"该路径后，即为一次成功转化。后续企业的精细化运营等动作，是为了提升用户活跃度和用户复购率，以及使用户建立对企业和品牌的忠诚、信任。

笔记、互动、个人主页的转化成功率次于购物/商城，它们虽然没有购物/商城的转化路径短，但能够通过高频次的传播实现品牌曝光，增强企业辨识度，以及加深用户对产品的理解及认知，也可以加深用户在转化前对企业、品牌、产品的了解，还可以有效提升用户在转化后对品牌的依赖和信任度。其中，企业号的主页可以链接福利社的官方旗舰店，以便用户一键跳转，从而有效避免用户流失。

因小红书并未全面开放直播功能，需要用户主动提交资料申请，且直播入口没有笔记等入口直观、便捷，所以直播营销受限；但当企业拥有直播权限时，其用户的转化率将会明显提升。

站内消息是低转化触点，很有可能会被用户忽略，或当作垃圾信息直接删除，不如点赞、评论等互动的营销效果好。

# 6.3 小红书营销方法论

小红书具有较强的内容分享属性，目前已经成为用户产生购物需求、选择品牌与商品、分享商品使用情况的平台。它连接品牌方、MCN和用户三大角色，借助头部KOL的影响力和用户对KOL的信任感，通过图文、视频和直播形式完成"种草"，深化用户对品牌和商品的印象，引导用户通过小红书商城或者其他渠道进行转化。图6-8所示为小红书从"种草"到"拔草"的完整链路。

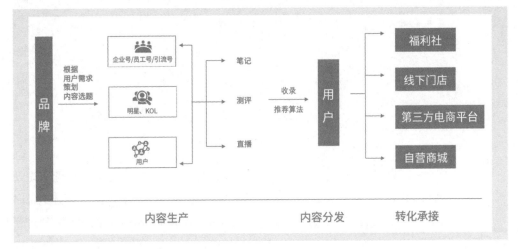

图6-8 小红书从"种草"到"拔草"的完整链路

品牌落地的小红书营销方案要与小红书生态环境高度匹配，通过抓住用户消费链路的关键环节——决策，完成从"种草"到"拔草"的完整过程，即AISAS营销理论的完整实践，AISAS即Attention（注意）、Interest（兴趣）、Search（搜索）、Action（购买）、Share（分享）。下面对内容生产、内容分发、转化承接三大环节进行详细解读。

### 6.3.1 以UGC为内容生产主体，KOL和KOC辅助传播

在内容生产过程中，企业通常会根据自身的营销目标，结合对用户需求的全面分析，综合策划内容选题，由企业号矩阵（包括企业号和员工号等）、明星或KOL、用户等共同进行内容发布，如单品分享、购物攻略、化妆教程、产品测评、新品"种草"、教学指导等具有一定真实性的内容的发布。

**1. 打造企业号矩阵，按角色完成内容生产**

小红书的账号类型分为个人号、企业号和员工号。

个人号和企业号最大的差异在于账号权益。综合企业号版本迭代过程，企业号的权益主要表现在官方认证（可提供专属服务）、数据洞察、创作者合作（可提供运营/营销支持）、增值功能（可提供场景升级等）和粉丝互动5个方面，如图6-9所示。

图6-9　小红书企业号权益

企业号有官方认证标识，拥有更多展示入口及账号权益。在营销层面，企业通过企业号可以借助小红书提供的多种运营工具完成品牌与用户互动，增强用户黏性。其中，小红书推出的笔记定制、商业话题、抽奖等能够进一步帮助企业对用户进行精细化运营；同时，企业也可以通过后台洞察多维数据报告，赋能内容营销，实现数据驱动。除此之外，企业可以在企业号主页实现线上店铺和线下门店的一键关联，高效导流、深度转化，逐步推动企业在小红书平台的私域流量池的建立。

小红书为企业提供拥有多种权益的账号，丰富创作者环境，并帮助企业快速搭建营销账号矩阵，进行营销内容多路径触达。常见的企业号矩阵主要包括以下两类。

企业号——官方形象展示，根据企业和账号定位来生产内容，目的是增加品牌曝光与流量。

员工号——以引流为目的，介于企业号与个人号之间，通常是站在企业员工角度，在不破坏企业形象的基础上，通过笔记内容进行传播推广。2021年5月6日，小红书取消了员工号申请，但已经入驻的员工号不受影响。

据观察，笔者发现也有很多企业在企业号和员工号之外，打造了一批引流小号，专用于销售或运营，在相关视频评论区留言互动，吸引用户，并将用户导流至企业销售平台。

铂爵旅拍是小红书平台典型的商业化营销账号，除了官方账号"铂爵旅拍"，还有众多地域性账号，如"铂爵旅拍大理店""铂爵旅拍杭州店""铂爵旅拍在海外"等。图6-10所示是铂爵旅拍的小红书企业号、员工号和个人号主页。

铂爵旅拍企业号内容以旅拍作品案例为主，账号主页醒目的"咨询请私信"是小红书"瞬间"

功能（"瞬间"功能用来记录博主日常，发布后可在账号主页显示）的良好使用示范。员工号以摄影总监的拍摄花絮和片段为主，通过搞笑、有趣而真实的拍摄场景有效吸引用户的注意力。个人号则是铂爵旅拍员个人注册的账号，其通过大量的笔记实现铂爵旅拍品牌高曝光。

图 6-10　铂爵旅拍的小红书企业号、员工号、个人号主页

在铂爵旅拍的账号矩阵中，官方拍摄成品与摄影师员工号的趣味内容相结合，一方面能够使品牌拉近与用户的距离，另一方面也能增强用户对铂爵旅拍品牌及其专业度的认知，吸引更多的流量。

## 2. 明星+KOL效应，内容引爆抢占用户决策时刻

社区＋电商的模式并非小红书专有，但明星大量入驻却是其他平台望尘莫及的。2017年小红书开始有明星入驻，这打破了明星与公众的距离感，随后，更多的明星陆续出现在了小红书上。自此，小红书形成了以明星为代表的独特 UGC 内容社区氛围。

借助达人效应是企业在小红书营销的重要方式之一。企业可以通过对达人账号的粉丝及内容数据进行分析，圈选与品牌用户匹配的目标账号建立商务合作。达人账号发布品牌营销内容，有助于加速扩大品牌声量、吸引并引导用户消费和反馈。借助达人效应，企业能够增强品牌对用户

心智的影响、加速消费决策、缩短转化路径。

对于企业来说，选择商业笔记投放要确认准备投放的账号内容侧重、粉丝调性与产品和品牌的契合度，然后综合考虑笔记声量，才能达到更好的"种草"效果。整体观察一些明星的小红书账号，除了个人动态分享外，笔记内容以护肤美妆类为主，因此这些账号对护肤美妆类品牌的合作价值高。

## 3. KOC铺量式传播，SEO功能高频触达

在小红书平台，KOC 占据大部分曝光资源，他们通过真实场景呈现、产品使用反馈，能够更快速地拉近与用户的距离，获得用户的信任。对于企业来说，因为很难保证达人效应能够带来长久的好口碑与转化，所以需要同步铺量 KOC 账号、利用多关键词反复触达，进一步巩固用户对品牌的认知。

图 6-11 所示为 KOC 关于花西子礼盒、口红和气垫的笔记截图。KOC 通过真实使用体验、产品测评和日常分享，营造生活真实感，增强用户信任。

图 6-11　小红书 KOC 关于花西子礼盒、口红和气垫的笔记截图

在内容的具体呈现形式上，企业可以从以下 10 种营销形式中选择或自由组合来实现大范围的曝光，如图 6-12 所示。

图 6-12　小红书 10 种营销形式

### 6.3.2　以提升 CES 和账号权重为目的，遵循平台内容分发规则

在小红书，被收录的笔记才有可能出现在首页，获得更高曝光量和更大流量，被推荐给用户，或被用户搜索到。

对于企业来说，要想利用好平台的内容分发规则，提高内容曝光量和被收录概率，除了遵守平台规则持续生产并发布高质量的笔记外，还可以从以下 3 个方面切入。

#### 1. 提升 CES 总分值，提高平台推荐概率

小红书的笔记推荐算法是阶梯式的，即先推荐给少部分用户，然后根据用户反馈情况扩大推送范围。笔记是否被推荐的关键在于阶梯推荐中的互动数据。这个数据在小红书内部被称为 CES[1]（Community Engagement Score），CES 总分值越高，笔记被推荐的概率就越高。

企业要想提高平台推荐概率，从内容上看，要对目标用户群体进行全面分析，洞察用户消费需求及内容偏好，撰写与用户需求及偏好匹配的文案，精准触达用户，吸引用户阅读和观看，提升完整阅读率和完播率。

#### 2. 合理布局关键词，提高内容被主动检索的概率

关键词，也就是热搜词、用户主动搜索频率高的词，其代表的是小红书用户在一定时间段内的注意力偏好。如果笔记内容与关键词相关度高，那么笔记被搜索到的概率和互动量就会增加。关键词和笔记一样与热点有强相关性，如妇女节的关键词为"做自己的女王"，与季节相关的夏季"防晒"、秋冬季"补水"等。同时，笔记发布之后会被系统根据内容精准推送给不同的用户

---

1　CES= 点赞数 ×1 分 + 收藏数 ×1 分 + 评论数 ×4 分 + 转发数 ×4 分 + 关注数 ×8 分。

群体。

企业要想进行关键词布局，需要从品牌词、产品功能通用词、热点词、成分词、竞品品牌词等多维度进行扩展，然后基于数据分析洞察用户对不同关键词的敏感度和接受度，最终确定与品牌相关的关键词。需要注意的是，企业布局关键词时要避免关键词堆砌，优先选择与账号创作领域相关的关键词，通过精细化运营打造热门笔记。

### 3. 提升账号权重，建立品牌与用户的长久连接

小红书对内容的推荐和曝光与账号本身的权重有密切关系，权重较高的账号发布的笔记在审核和收录方面效率较高，且单篇笔记的搜索排名会相对靠前。目前，小红书账号权重由原创度、垂直度、内容质量、账号活跃度和账号等级 5 个因素共同决定，其重要程度依次递减。

为了有效提升账号权重，企业在最初建立账号时便需要明确账号与内容的定位，并持续产出原创、符合平台规范的高质量内容。纵观当下内容社区，用户在"看完即走"和"深度沉浸"中来回切换，这是因为短、平、快的内容起量很快，但很难建立信任并持久。企业只有强化专业度才能提升用户的信任感，通过内容与用户建立信任，然后通过信任建立长久关系。

在提升账号权重的过程中，企业需要谨记，删帖或者发布违规笔记都会影响账号权重。

## 🎁 6.3.3　入驻小红书福利社，并增加线下门店导流入口

大多数情况下，用户产生购买需求后会在小红书自发搜索，查看创作者对产品的评价并进行对比，然后进入小红书福利社或线下门店、自建商城、淘宝 / 京东 / 携程等第三方平台下单。因此，对于企业来说，做好内容的转化承接是营销的核心。

目前，企业在小红书的转化路径包括福利社和线下门店，用户点击企业号主页的"店铺"，可直接进入企业在小红书福利社的官方旗舰店，进行产品查询、加购等；用户点击企业号主页的"线下门店"，会看到根据用户定位、距离自动展示的企业线下门店列表，可自行选择至线下门店消费。

图 6-13 所示为完美日记在小红书福利社的官方旗舰店页面和线下门店导流页面。用户通过完美日记企业号主页的"店铺"和"线下门店"可分别完成线上、线下触达。

那些以用户体验为核心的行业，比如旅游、健身等，更多依赖于线上渠道的曝光，吸引用户到店体验。举个例子，截至 2021 年 6 月 24 日，途家民宿小红书企业号的粉丝数量为 31.5 万人，

笔记获赞与收藏量高达 83.4 万次。用户通过途家民宿企业号可直接跳转至途家民宿小程序预订，无须跳转至其他 App 即可在小红书生态内完成"种草"到"预订"，如图 6-14 所示。

完美日记小红书福利社店铺　　完美日记企业号主页　　完美日记线下门店导流

图 6-13　完美日记账号页面

图 6-14　途家民宿企业号及小程序页面

同时，途家民宿借助小红书"Red City 城市计划"，通过 KOC 在暑期、国庆节、劳动节等旅游旺季，选择相关民宿资源进行笔记投放，并在评论区引导用户进入途家民宿小程序进行预订，如图 6-15 所示。

图 6-15　途家民宿相关 UGC 笔记及评论区引导截图

民宿品牌在小红书的营销除了结合小红书自身优势和扶持政策之外，还需持续进行精细化内容运营与服务，通过优质的民宿资源与高质量用户体验，推动更多的用户自发分享，增强品牌传播力度。

# 6.4　小红书营销场景及案例分析

数据显示，小红书生态内具有美妆、时尚等标签的 KOL 较多，其中 30% 的 KOL 账号类型属于美妆类，其次是占比 14% 的时尚类 KOL、11% 的母婴类 KOL、10% 的美食类 KOL；从 KOL 等级来看，小红书的头部 KOL 较少，仅占 3%，腰、尾部 KOL 分布旗鼓相当，分别占比 41%、56%。

作为内容社区的代表，小红书始终以内容为核心，无论是哪个行业，无论账号属于什么类型，其营销核心都围绕着内容展开。本书将选取小红书典型应用领域——美妆、母婴，以及旅游行业来做进一步的营销分析。

## 🎁 6.4.1　完美日记：KOL 内容投放，高引流助力营销增长

千瓜数据显示，在小红书的多元化战略发展趋势下，虽然 2020 年美妆笔记互动量较 2019 年有所下降，但美妆行业依然是小红书笔记互动量占比 TOP 1（第一）的行业；同时，小红书美妆人群突破了地域和经济圈限制，人口大省河南占比超过上海和北京跃居 TOP 5（第五位）。对于美妆品牌营销来说，产品功效和品质保障依旧是产品的第一要义，而口碑传播及精细化运营的重要性也愈发凸显。

完美日记以平价、高性价比为卖点，产品包括口红、眼影、唇釉等。根据 2021 年百度指数的人群画像分析结果，完美日记的用户年龄以 20 ～ 39 岁为主，女性用户占比 55.68%，如图 6-16 所示。

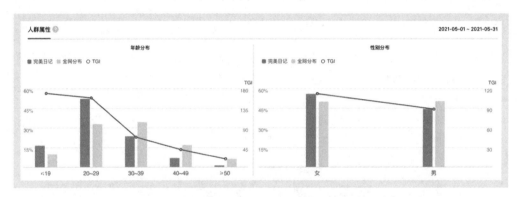

图 6-16　关键词"完美日记"的百度指数人群画像分析结果

2018 年 2 月，完美日记将小红书作为重点渠道开始运营。截至 2021 年 6 月 24 日，完美日记小红书企业号粉丝总数达 192.3 万人，累计获赞和收藏共 388.35 万次。结合小红书营销方法论，可以将完美日记在小红书的营销路径分为"种草""养草""拔草"3 个阶段。

（1）"种草"：借助明星和头部 KOL 为品牌积累粉丝，增加流量。

完美日记邀请众多明星进行实名产品推荐，通过粉丝效应增加品牌曝光量；同时，用数据驱动全链路营销，通过粉丝互动率、广告转化率、平台数据等多个维度选取与品牌调性相符的 KOL 共同推广，在产品上线初期快速打开市场。

（2）"养草"：腰部及以下 KOL 持续投放，普通用户分享扩大声量。

在产品获得爆发式关注和讨论之后，完美日记选择大量的腰部及以下 KOL 进行内容投放，也多选择产品干货、试色测评、新品分享等内容形式，从视觉和真实度上快速抓住用户注意力。

在该部分 KOL 的带动下，部分普通用户在购买、使用产品之后，也会在小红书分享自己的使用体验，形成二次传播，助力品牌声量扩大。

（3）"拔草"：线上、线下店铺承接，抓住流量快速转化。

在小红书，明星和 KOL 具有一定的"带货"和"种草"能力，因此"拔草"也更多通过明星和 KOL 的笔记内容完成。"拔草"的方法通常有两种，一种是在笔记中单击嵌入的福利社商品链接，另一种是用户查看笔记后自行搜索进入完美日记福利社商城或者第三方购物平台、线下门店等完成购买。

### 📦 6.4.2　某母婴零售企业侧重品牌宣传，促销节点大面积推广

2020 年 1—11 月，小红书母婴相关笔记平均占比 2.52%，热搜词排行榜母婴行业热搜词 TOP20 中，新生儿、宝宝辅食、宝宝穿搭上榜率均超过 70%，已成为小红书母婴领域的长期流量词和热搜词。[1] 图 6-17 所示为小红书母婴行业各细分品类笔记及互动趋势。

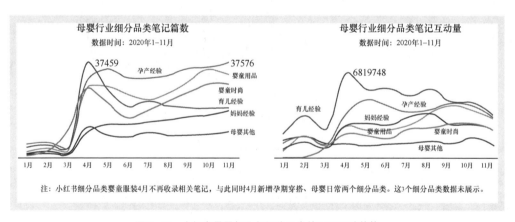

图 6-17　小红书母婴行业各细分品类笔记及互动趋势

对于母婴品牌来说，小红书有其既有优势，包括覆盖母婴生活全场景、是母婴消费主力的聚集地等。另外，小红书在内容产出与传播、口碑沉淀等方面有助于母婴品牌实现快速、高效的营销推广。

千瓜数据发布的《2021 小红书活跃用户画像趋势报告》统计显示，近一年小红书母婴品牌互动量前十中进口品牌占比 80%，其中某母婴品牌连续 12 个月上榜，并以互动总量 3943629

---

1　千瓜数据：《2020 年小红书母婴行业品牌投放数据报告》。

次的绝对优势成为母婴品牌 TOP1。

据了解，该母婴品牌的用户为集中在一线、新一线和二线城市的"80后""90后"女性，产品走中高端路线。这些用户崇尚自由，对生活的品质有较高要求。

在大部分宝妈眼中，该母婴品牌和其他母婴品牌一样，他们不会将其作为消费的唯一选择。通过观察该母婴品牌近几年的营销动作可以发现，该母婴品牌在尝试用情感和用户建立联系，并逐渐"绑定"用户。

该母婴品牌的小红书企业号经常会转载宝妈 KOC 的笔记，通过洞察宝妈真实情感占领宝妈心智。比如，其小红书企业号置顶笔记《妈妈被扎了 400 多针，才换来你平安出生》，如图 6-18 所示。笔记内容来自某位宝妈的真实经历。通过真人、真事、真情感讲述母亲和孩子之间的故事，更容易引起宝妈共鸣。

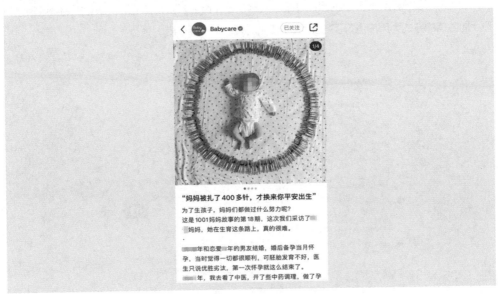

图 6-18　某母婴品牌小红书企业号置顶笔记

另外，该母婴品牌能够准确切入当代宝妈的情感痛点。比如在 2021 年母亲节期间，针对背奶妈妈这个群体，该母婴品牌向社会发声，呼吁职场增加母婴室，为妈妈们提供更方便的哺乳环境。

综上，该母婴品牌的小红书营销采用官方宣传素材与真人故事转载的方式，产品与情感双重驱动品牌增长和用户心智建立，并选择关键促销节点大面积推广，实现高热度、高传播，打造了一个有温度的品牌。

### 🎁 6.4.3 某地方旅行社：满足用户真实体验需求，构建私域流量池有效促转化

2019年，"旅游出行"成为小红书上仅次于"美妆"的第二大热门话题。在2020年端午节之后，小红书在上海、广州、西安、成都4座城市及其周边开展"种草周边游"直播；节后又发布了《2020端午小红书旅游趋势报告》。这也为旅游企业在小红书的营销铺设了一条坦途。

某地方旅行社没有较高知名度，但具有对当地旅行资源足够了解的优势，因此开设旅行规划师账号，从定制化旅行攻略入手，为用户量身打造旅行路线并引导转化，是其在小红书营销推广的好选择。

因为小红书对站外引流限制严格，笔记里不能出现联系方式等信息，所以很多旅行规划师会在笔记末尾加上引流话术，比如"要想获得更详细的攻略或者路线导航，欢迎给我留言哦"。

当用户对旅行规划师分享的旅行攻略感兴趣，在评论区留言或私信后，旅行规划师会通过私聊添加微信的方式为用户进行旅行路线的规划，如图6-19所示。

图6-19　小红书用户与某地方旅行社互动及私信场景

也就是说，该地方旅行社在小红书的营销是通过更直接的方式完成从公域到私域的转化，通过旅行规划师一对一的咨询与服务，加深用户对旅行社的品牌和产品的认知。但是，通过旅行规划师购买的旅游产品或服务，产品真实度、服务等均没有全面保障，可信度相对较低，且旅行规划师在添加联系方式后卖货的目的明显，很容易削弱用户对品牌的信任，导致潜在用户流失。

# 7. 知识问答平台社会化营销

# 7.1 知识问答平台的发展与变革

知识问答平台是借助 Web 2.0 和搜索引擎技术，通过提出问题、回答问题和搜索问题的形式，实现了知识的挖掘、传播、利用与共享的科技传播新形态。它有效地实现了知识传播活动中传受主体的即时互动交流与大众零门槛参与，体现了以人为中心的传播理念。

知识问答平台的起源可以追溯到公告板系统（Bulletin Board System，BBS）。在 BBS 上网民可以讨论各种话题，发布或征集信息。从 BBS 时代至今，知识问答平台经历了 3 个重要发展阶段。

## 1. 阶段一：Web 2.0打破传播壁垒，搜索问答促进关键词营销

Web 2.0 颠覆了自上而下的由少数资源控制者集中控制主导的互联网体系，满足了人们沟通、交往、参与、互动的需求。之后搜索引擎的出现改变了人们获取信息的方式——支持按照网页和检索关键词之间的相关性，重新组织排序信息提供给用户。

相比 BBS 时代，基于搜索引擎的知识问答平台的用户既是信息的获取者，又是信息的提供者，可以更精准地获取信息，放大了自主性，进一步突出了以人为中心的特征。

1996 年在国外诞生的 Answers 网站是基于搜索引擎的知识问答平台的雏形，国内则在2004 年推出了新浪爱问知识人，之后更广为人知的是 2005 年国外推出的 Yahoo! Answers 和国内推出的百度知道，以及陆续推出的天涯问答、搜狗问问、360 问答等。

以百度知道为例，百度知道是一个基于搜索的互动式知识问答分享平台，通过积分奖励机制发动其他用户来解决某些问题。同时，这些问题的答案又会进一步作为搜索结果提供给其他有类似疑问的用户，达到分享知识的效果。图 7-1 所示为百度知道页面示例，这种模式让人人都可以成为知识的传播者，开启了以人为中心的知识问答营销的大门。因其典型的搜索模式特征，该阶段的营销与搜索引擎优化结合紧密。

## 2. 阶段二：专业知识需求增强，KOL 社区问答加速社会化营销

随着移动互联网时代的到来，出现了诸多的信息入口，人们获取信息的渠道也更加轻量化、

便捷、丰富。与此同时，用户对获取知识的专业性有了更高需求，从而催生了以分享精华知识为主的社区问答模式。与搜索问答模式的工具属性不同，社区问答模式集问答、社交、互动于一身，同时兼具工具属性和社区属性，且引入答案公投机制，加强精英人士高质量知识的分享，典型代表有 Quora、知乎等。

图 7-1    百度知道页面示例

该阶段的知识问答社区构建了一张基于问答的关系网，强调人的作用，特别是知识问答平台中的 KOL。拥有高权威性、高关注度的 KOL 具备较强的营销影响力，促使用户之间进行更多的互动，因此企业营销时需注重专业权威内容的产出及 KOL 营销背书等。

以 Quora 为例。2010 年 Quora 内测实行注册邀请制，邀请大量硅谷明星入驻 Quora 分享知识见解，借助明星效应引来了大量流量，再结合智能算法重构了人与信息的关系，用圆桌问答塑造深度研讨的用户场景等。图 7-2 所示为 Quora 页面示例。

### 3. 阶段三：知识付费成为主要变现模式，催生知识问答平台多元化营销

随着内容平台的逐步成熟，头部内容和专业人士的整合效应显现。基于共享机制，每个用户平摊了获取专业人士指导或专业知识的成本，同时，在社会竞争加剧、知识焦虑的背景下，人们更快、更准、更深度地获取精华知识的需求增强，知识问答平台的服务属性加强，越来越多的人

愿意为知识付费。2016 年被称为知识付费的元年，典型代表有分答、干聊、微博问答、值乎等付费问答平台。

图 7-2　Quora 页面示例

以分答为例。2016 年 5 月，果壳旗下的在行推出分答，分答创新性地提出"时间电商"的概念，答案以时长 1 分钟的语音为卖点，用时间来量化知识。分答上线 42 天用户达 1000 万人，有超过 100 万名用户为内容买单，产生了 50 万条问答内容，交易金额超过了 1800 万元。图 7-3 所示为分答页面示例。

图 7-3　分答页面示例

# 7.2 知乎营销的特点、价值与核心构成

## 7.2.1 知乎营销的特点

### 1. 特点1：专业的社区调性

知乎创立之初基于严格的邀请制注册门槛为平台确立了专业、精英的社区调性，回答多以高水准、专业化答案为主，并结合点赞、评论、转发、关注、私信等功能连接人与人，营造社区氛围，从而孵化了大量优秀创作者。

### 2. 特点2：开放、大众化的包容性

2013年知乎开放注册，并基于大众化路线推出随便看看、想法等功能，开始积极扩展内容的多样性和广度，如以圈子为兴趣入口，以情感、职场等为核心内容的兴趣生活类问答，再如对社会事件、影视综艺等各个领域的热点事件进行实时讨论、追踪时间线和上热榜等，降低了用户获得与生产内容的门槛，逐渐覆盖下沉市场用户。同时，知乎具有极强的内容开放性和包容性，用户可通过搜索引擎、社交网络分享等渠道获取知乎内容。

### 3. 特点3：内容展现形式丰富，满足用户多元化需求

知乎以问答为核心并拓展了专栏、圆桌、知乎Live音频、短视频、直播、知乎书店等内容展现形式，与丰富的话题相结合，可满足用户不同层次、不同场景、不同习惯的多元化需求。

## 7.2.2 知乎营销的价值解读

对企业而言，流量≠用户，在流量红利枯竭时，知识问答平台具有较好的发展潜能。以知乎为例，知识问答平台营销有以下价值。

## 1. 用户主动表达需求，企业反向精准营销

社区问答模式为用户提供了一个主动表达需求的天然场景。企业可以根据话题、问题、圈子、关注等找到目标用户人群，再基于用户的真实需求，通过目标用户人群画像反向设置话题、问题、圈子等进行精准营销，影响用户心智，树立品牌形象。

## 2. 答疑解惑缩短用户沟通路径，提高营销效率

知识问答平台的用户往往是因某个问题、话题等的知识探索或分享需求而聚集。知乎话题分布广泛且行业划分颗粒度细，在具体话题或领域答疑解惑的互动场景中，企业可明显缩短与用户的沟通路径。企业在知乎营造的专业分析氛围，有助于其充分借助优质内容展示企业信息及产品服务优势。

## 3. 传播期超17个月，借助长尾效应塑造品牌中长期价值

与一般宣传内容的 72 小时黄金传播期不一样，高质量知识具备高复用性。知乎官方研究数据显示，在 3 个月内浏览量 TOP 1000 的问题中，41.3% 的问题已经创建一年以上，平均创建时长为 17.3 个月，具备持续的增值红利和长尾效应。企业可通过制造相关话题讨论和发布优质内容，塑造品牌的中长期价值，从而树立真实口碑。

## 4. 站内站外开放互联，高权重促进搜索引擎优化（SEO）

知乎站内支持跳转外链，站外支持搜索知乎内容，如百度搜索、微信搜索、搜狗搜索等，具有极高的开放性和引流价值。同时，知乎在搜索引擎中的排位靠前，如在百度搜索引擎上的权重的最高值达到 10，是企业在 SEO 和 SEM（搜索引擎营销）之外的一种性价比极高的搜索优化方式，可有效提升搜索权重。

## 🎁 7.2.3　知乎营销的传播路径与核心构成

知乎具备强大的功能矩阵与完善的传播路径（具体可看官方产品介绍，此处不赘述），下面主要介绍知乎营销的传播路径与对应的营销核心构成。

知乎营销的传播路径主要分为以关注流为主的私域营销和以推荐流为主的公域营销两大块，如图 7-4 所示。

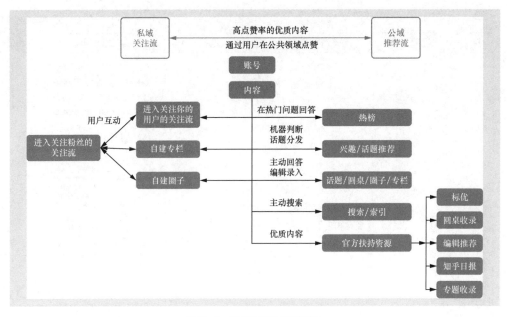

图7-4　知乎营销的传播路径

为了更好地理解知乎营销，这里基于知乎营销中的核心触点（包括问题、回答、关注推荐、账号主页），从触点描述与营销场景层面进行分级评估，如表7-1所示。

**表7-1　知乎的营销触点分级**

| 序号 | 营销触点 | 触点描述 | 触点分级 | 场景展示 |
|---|---|---|---|---|
| 1 | 问题 | 通过提问题的方式聚合回答，可以让讨论更加集中 | 中 | |

| 序号 | 营销触点 | 触点描述 | 触点分级 | 场景展示 |
|---|---|---|---|---|
| 2 | 回答 | 通过回答来分享自己的知识、经验和见解 | 高 | |
| 3 | 关注推荐 | 你的关注者可看到你提问、回答、赞同与喜欢、收藏、关注、发想法/文章/视频等动态，优质内容也会被推荐给可能感兴趣的知友 | 高 | |

续表

| 序号 | 营销触点 | 触点描述 | 触点分级 | 场景展示 |
|------|----------|----------|----------|----------|
| 4 | 账号主页 | 知乎账号分为个人号和机构号，均可自定义设置个人主页资料。同时，认证后，个人号和机构号会在账号主页及用户名旁显示蓝色认证标识。机构号还会展示已认证的官方账号，享受名称保护、数据分析等权益，并可根据盐值等级申请专栏、Live 等功能 | 中 | |

营销触点分级规则：从精准性、频次、展现深度、开放程度 4 个维度进行评估，每个维度有对应分级的权重，以 10 分制进行评分，每个触点的合计分值越高，其触达效果越好。为便于理解，本书将触点分为高（9～10 分）、中（6～8 分）、低（＜6 分）3 级。

# 7.3 知乎营销方法论

## 📦 7.3.1 账号启动：知己知彼、定位完善、人设丰满、营销计划

### 1. 知己知彼：认真、友善的氛围，鼓励创作多元专业的内容，用户积极求知

知乎具有认真、专业、友善的社区氛围，主要鼓励 3 类内容：专业、结构化的干货，多元领域的、不同话题角度的内容，针对热点事件理性、深度、多维的讨论内容。

与之对应，知乎用户的主要需求也有 3 个方面：提问、查找专业领域的知识，学习知识、自我提升、分享知识，关注并讨论有趣、热门的话题。知乎用户年龄以 24 ~ 35 岁为主，典型特征是高学历、高收入、高消费，有探索求知欲。

### 2. 定位完善：以话题找用户、账号人格化、内容有爽点

知识问答营销需要以专业内容影响用户，以高价值内容赋能品牌，使用户逐渐形成品牌认知，进而影响消费决策。因此，账号定位时要从目标用户的视角考虑，如考虑用户的需求、喜好，什么样的细分领域有助于获得用户的关注、认可。

第一步，基于品牌话题相关性，找到目标用户。

企业可以根据与品牌调性或产品服务相关的话题来定位目标用户群体。以神策数据知乎机构号为例。

- 核心用户：关注数据、分析话题的用户。

- 目标用户：关注用户画像、个性化推荐、智能运营、数据采集等话题的用户。

- 潜在用户：关注运营、产品、技术、零售、金融、电商、教育等话题的用户。

- 所有用户：知乎全站用户。

第二步，基于营销目标与用户感知，赋予知乎账号人格。

基于营销目标及希望在目标用户群体心中树立的形象，运营者可巧妙赋予知乎账号人格，即打造具有可识别性的 IP（网络流行语，指能带来效应、流量的产品），通过在内容创作和展现中呈现一致的人设风格加强用户认知和记忆，实现品牌认知与曝光的叠加传播效果。

企业可从以下 3 个方面赋予知乎账号人格。

- 参考平台的特征、品牌调性、目标用户群体的价值期望综合确定人格特征。比如，根据认真、专业、友善的社区氛围可以确定统治者、分享者、专家型人格特征。

- 结合文案、配图、介绍、赞同等内容明确定位，通过内容产出、互动等形式表现人格，并始终保持前后一致、表现连贯。如适当赞同专注自身领域的内容，会更快树立该领域的专业形象；再如知乎机构号以朋友聊天的方式真诚待人，以第三方视角去评价自家产品和服务，保持客观、中立。

- 账号定位于垂直细分领域，树立某一领域专业人士或求知人士的形象，这不仅使形象具象化，还有助于话题下的权重积累和推荐量增加。如某数据分析领域的专家，对于运营数据分析、数据分析工具等话题的回答、赞同、点赞与喜欢、收藏等数量越多，其在数据分析领域的权重就越高，相关话题的推荐量也越多。

第三步，基于人格化账号选择有爽点的内容表达与呈现形式。

信息噪声时代，让用户满意的内容能抓住用户注意力，从而影响用户认知。因此，知乎账号运营内容至少要切中有趣、有用、有料中的一种需求，往往切中需求越多，传播性越强。

- 有趣——快感型内容：用户追求在内容中找到阅读满足感和愉快感，内容需要让用户产生愉悦的情感，如故事/文学创作、段子、八卦、具有原创属性的娱乐内容等。

- 有用——功能型内容：用户在知乎上学习，可通过权威性、技巧性的干货来满足需求，如 Photoshop 教学、摄影技巧、护肤美容经验、画画技巧等。

- 有料——新知型内容：用户在知乎上进行求知探索，足够专业、时效性强或有深度的内容可满足此类需求，如专业知识分享、学术分析、案例实践、独家信息等。

## 3. 人设丰满：全面包装，使账号树立真实形象

知乎运营需结合账号人格装点个人门面，如个人简介、Slogan（账号的一句话介绍）、头图等，且需秉承真实完善、简明美观、有记忆点 3 个原则。

（1）个人简介：真实完善，增强用户认知及信任。

一是完善账号信息，包括账号名称、头像、性别、居住地、行业、职业、教育信息等。建议个人运营者申请个人认证，特别是对信任度要求高的专业领域，例如医学、心理等；企业运营者可申请机构号[1]，这样可增加可信度，完善信赖闭环。

二是善用权威背书，如官方背书、作品背书、用户认可背书、内容背书等，尽量避免负面标签，如违规记录。

（2）Slogan：精练准确介绍，巧设转化点。

Slogan，即账号的一句话介绍，在账号主页和回答问题的昵称下方均会展现，是最大的流量入口。建议运营者结合定位与吸引人的价值点打磨 Slogan，并控制在 20 个字以内进行展示，同时增加转化点设置，吸引用户持续关注。

（3）头图：结合适配场景，巧设记忆点与转化点。

知乎账号的封面在移动端和 PC 端展现样式有很大不同，知乎官方给的参考尺寸是最小宽度1200 像素、最小高度 240 像素，文件大小不超过 5 兆字节，最终呈现比例是 998：240。如果头图的尺寸不符合官方参考尺寸，可能会被裁剪；为保证图片里的元素能够完整展示，建议参照该尺寸调整。

## 4. 营销计划：基于营销目标及可用投入制订日常计划与突发事件规划

运营者需要基于营销目标和可用投入制订属于自己的营销计划，包括日常计划与突发事件规划及知乎内容库的搭建。

（1）营销目标和可用投入。

企业的营销目标可从定性和定量两方面明确：定性维度，企业主要有品牌宣传、营销转化两方面目的；定量维度，运营者需根据定性目标拆解周平均创作数量、关注数、单篇阅读量、单篇赞同及分享数等。

基于营销目标的知乎运营投入又可分为运营人力投入与内容创作投入两方面。运营人力投入，如企业将知乎作为营销的主要渠道，有单独的 KPI，则可由一人全职负责知乎运营，若仅作为新媒体矩阵中的一个渠道，则可由一人兼职负责。内容创作投入，若要求全部内容原创，则除

---

[1] 知乎机构号是机构用户在知乎的入口，使机构在知乎社区与高价值、高影响力人群建立连接，解答用户疑问、发布官方信息、扩大品牌影响力和提升品牌美誉度。具有营业执照的科研院所、公益组织、政府机关、媒体、企业都可以申请知乎机构号。

运营者本人外，还可从运营团队获得创作支持；若不要求原创，运营者可通过合作转载减少企业的营销创作投入等。

（2）日常计划与突发事件规划。

知乎运营规划表可从日常计划和突发事件规划两个方面拆解，具体如下。

① 日常计划分为年度、月度、周、天计划。

● 年度选题，可根据定位明确年度内容运营的关键词，即企业希望向知友和潜在的商业客户传递什么样的信息。运营者可基于营销目标搜索知乎站内、其他平台的选题方向，整理形成内容库，标记优先级，以备参考。

● 月度计划，可根据年度主题做拆解。如把企业的专业内容拆解成5~6个方向，每个方向准备2~3个优质参考案例，明确短期内的内容创作安排。

● 周计划，可根据月度计划落实真正的选题与发文日期。如建议在周二到周四发布专业内容；娱乐性内容不限时间，跟着热点走。

● 天计划，可根据目标用户日常习惯及知乎调研数据进行总结提炼，明确每天的最佳发文时间、频次、形式等。

腾讯媒体研究院的调研数据显示，知乎用户的主要使用时间为晚间或午间，家里、路途中、办公室是主要场景，如图7-5所示。运营者可选择在午间、晚间做运营动作。

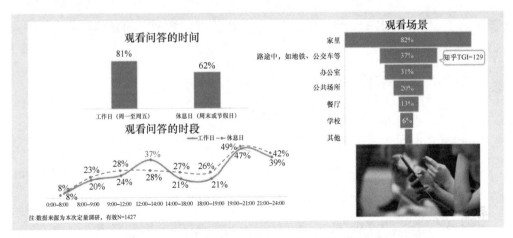

图7-5　知乎用户主要使用时间及场景（TGI指目标群体指数，N指样本数）

值得一提的是，每天的发文频率与人设相关。想法、视频的发文频率限制较小，若想突破限制并制造新鲜感，可进行多账号运营、多角度营销。如神策数据有知乎机构号"神策数据"、CEO 个人号"桑文锋"、数据分析 KOL 账号"乔一鸭"等。

② 突发事件规划可分为站内活动、危机公关、热点追踪 3 个方面。

- 站内活动。运营者可通过关注知乎官方账号，及时了解官方组织的圆桌或其他活动，如匹配度较高，可及时告知 MCN，积极参加相关活动。

- 危机公关。运营者可提前建立舆情监测体系和危机评级机制，遇到相关事件时进行危机评级并持续关注；若舆情有发酵趋势，及时明确事件缘由，快速给出事件情况介绍、原因分析、处理方案等，统一口径后立即执行方案。

- 热点追踪。知乎热点追踪可多关注热门话题、热门搜索、热榜等；对于可预期的热门事件，纳入内容库选题，提前准备，找到相应的问题、圆桌等抢先发布；对于不可预期的热门事件，先发布独家有价值的信息，后整理成深度内容发布。需注意，运营者要明确热点与知乎定位的关系、价值，不提倡硬蹭热点。

此外，营销计划的执行也需要结合企业的阶段性目标进行创作重点的倾斜。如企业第一季度的目标是获取粉丝，则可创作专业内容，发布账号定位领域的有深度的文章、参与知乎 Live 和圆桌等；若第三季度的目标变为获取流量，运营者可多创作泛专业内容，如紧跟热点话题、结合热榜进行创作等。

## 🎲 7.3.2　知乎创作：创作形式、创作者工具、创作评价体系

### 1. 创作形式：问答、文章、想法、视频

问答、文章、想法、视频是知乎的四大主要内容形式，具体如下。

问答是知乎核心的内容承载模式，知乎的产品及活动都是围绕着问答展开的。

文章是容易在各平台间转化的形式。运营者发布在其他平台的内容可以文章为载体，不经修改即可转入知乎，不过初期关注量有限的情况下，文章的流通渠道有限。

想法是用于表达较短内容的载体，因其更强调社交性，目前只在私域中流通。

视频是知乎 2020 年开始重点推广的项目，并为运营者免费提供图文转视频的工具。运营者可借助知乎视频运营。

## 2. 创作者工具：数据工具、问答工具

在知乎"我的"中有"创作中心"和"回答问题"两个创作者工具，如图 7-6 所示。

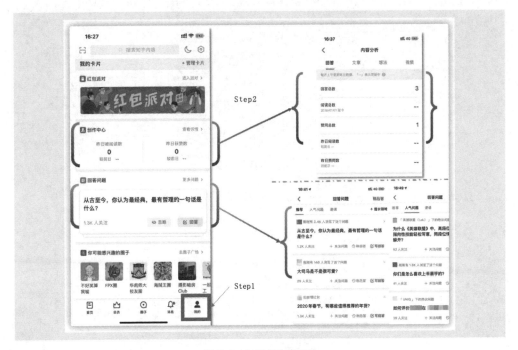

图 7-6　知乎创作者工具

数据工具。运营者在"创作中心"可看到"内容分析"中提供了回答、文章、想法、视频 4 类内容的总结数据，还有趋势及单篇分析，为运营者提供决策依据。

回答工具。运营者在"回答问题"可找到推荐、人气问题、邀请等内容。推荐问题是基于账号过往回答及兴趣进行推荐的；人气问题通过运营者手动添加的兴趣领域可以更精准地找到既适合运营者回答的，又是热门的问题。

## 3. 创作评价体系：官方标识体系、创作者等级、机构号盐值

由于知乎是知识问答平台，用户需要在大量回答中寻找可信赖和专业的知识。为了协助用户判断内容的真实性、权威性，知乎形成了包括官方标识体系、创作者等级、机构号盐值的创作评价体系。

（1）官方标识体系：认证、徽章、推荐，如图 7-7 所示。

177

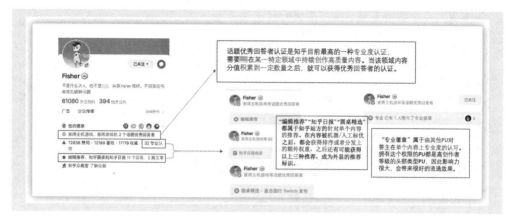

图 7-7　知乎官方标识体系示例

（2）创作者等级：专注评估内容的成长体系，如图 7-8 所示。

图 7-8　知乎创作者等级示例

成长指数是评估创作者在知乎站内创作行为及创作所处阶段的综合指数，是根据创作者所发布内容的质量、影响力进行综合评估，加权得出的最终评分，如图 7-9 所示。

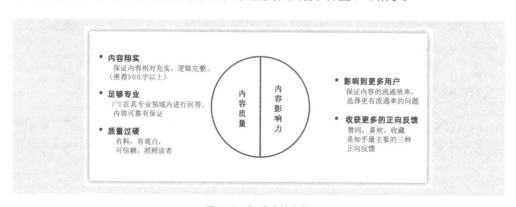

图 7-9　知乎成长指数

图 7-10 所示为知乎创作者体系。提升创作者等级可逐级解锁知乎不同的功能，这不仅能助力内容流通，还能助力商业变现。

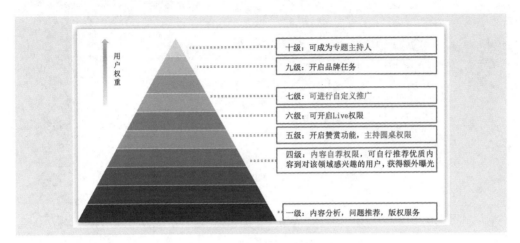

用户权重

十级：可成为专题主持人

九级：开启品牌任务

七级：可进行自定义推广

六级：可开启Live权限

五级：开启赞赏功能，主持圆桌权限

四级：内容自荐权限，可自行推荐优质内容到对该领域感兴趣的用户，获得额外曝光

一级：内容分析，问题推荐，版权服务

图 7-10　知乎创作者体系

（3）机构号盐值：全面评估机构号运营情况的成长体系，如图 7-11 所示。

图 7-11　知乎盐值示例

不同的盐值对应不同的权益和权限，还会直接作用于内容推荐系统和账号赋权系统。比如，知乎官方支持搜索结果优化、昵称搜索置顶、入选垂直榜单、标识优秀回答者等，知乎盐值可从信誉评级、创作力、活跃度、内容质量和影响力五大维度进行增值，如图 7-12 所示。

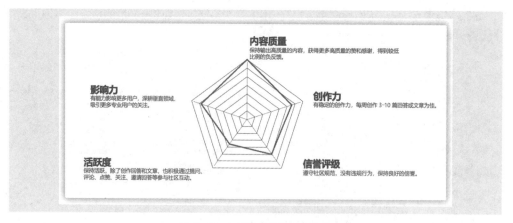

图 7-12  知乎盐值增值五大维度

以社区建设为例，积极参与社区治理就可以提高自己的权限。知乎盐值增长权限示例如图 7-13 所示。

图 7-13  知乎盐值增长权限示例

## 🎁 7.3.3  优质内容：高质量有标准、创作有技巧

### 1. 高质量内容与低质量内容

（1）高质量内容：4 个标准，3 种分类，3 个特征。

① 高质量内容的 4 个标准。

● 专业：内容不仅包括学术领域的专业内容，以及基于问题的客观讨论，也包括经历及经验的分享、独到的见解和剖析、契合领域发展目标的内容，具有沉淀价值。

● 友善：态度真诚、坦诚、开放、积极，不过分情绪化，摒弃公关辞令和夸张用语，弱化包装感，以友好的形式来参与或发起话题。

● 可信：回答切题、结论明确、论述详细，字数超过500字，可述亲身体验、经历或见解，呈现更多事实和细节。

● 原创：内容原创，如有引用需遵循引用规范。

② 高质量内容的3种类别。

● 专业人士产出的专业内容。基于行业知识和从业经验创作的高质量内容是知乎的标杆性内容，包括但不限于：专业领域相关的介绍、讨论、总结、行业动态、新闻报道、研究分析，以及文学作品、音乐作品、摄影作品、视频作品等具有独特价值的创作。

● 适合广泛人群阅读的内容。具备一定稀缺性与独特性，能够为读者提供阅读价值和获得感的普惠型知识、经验和见解，包括但不限于：生活/兴趣类内容，如美食、旅行、摄影、时尚、游戏、动漫、宠物等；个人/家庭成长类内容，如学习方法、职场经验、情感成长、亲子教育等；大众普遍感兴趣，但有一定门槛和专业性的内容，如健身、心理学、法律、经济、健康等。

● 阅读消费门槛不高的内容。好看、看得过瘾、叙述出色的满足休闲阅读、娱乐阅读类场景需求的内容，且具备独特的视角和表达，包括但不限于适合广泛人群阅读的内容，如娱乐、生活、情感等。

③ 高质量内容的3个特征。

● 信息翔实。信息量丰富，建议字数在500字以上，有理有据，数据和信息来源清晰，避免仅有两三句话。

● 角度明确。有针对性地作答，一个回答只专注解决一两个问题，避免泛泛而谈。

● 阐述深入。能专业、有深度地阐述，提供有帮助和参考价值的内容，避免蜻蜓点水般的集合推荐。

（2）7种低质内容。

① 无价值的内容。例如，某机构发布了大量一句话式的短内容、表情图等。

② 硬蹭热点、答非所问的内容。例如，问题是"母亲节应该送什么礼物"，而回答是"怎么不给父亲准备礼物"等。

③ 一文多答的内容。例如，某账号在回答"情人节送什么礼物"与"你买过最好的礼物是什么"时使用了同一篇文章。

④ 恶意营销，通过点赞抽奖、集赞更新等形式诱导投票或关注的内容。发布此类内容，可能会被用户举报、被反作弊系统识别，进而导致账号被禁言、盐值评分下降。

⑤ 刷赞或关注的内容。例如，用机器账号刷赞，用僵尸账号关注，以谋求不正当曝光。

⑥ 群发私信引导点赞或关注的内容。通过站内私信邀请知乎用户为品牌写软文，或者为指定内容点赞、评论或关注等行为，都会被反作弊系统识别。

⑦ 不规范转载的内容。如只标注了侵删的字样，没有标注转载内容的来源。

## 2. 高质量内容的创作技巧

建议创作者每月创作 6 篇内容，以回答为主。

知乎账号冷启动时，创作者可优先做问答运营，因为知乎直接发布的文章，只会出现在关注者的 feed 流（指持续更新并呈现给用户内容的信息流）中，流通受限。创作者可以将适合发布在知乎的存量内容进行问答化修改，具体方式如下。

搜索原文章 / 视频核心关键词—选择合适的问题—对文章进行少量修改 / 对视频和图片添加几句文字回答，在开头或结尾进行知乎风格的人格化处理，发布回答，建议一日不要发布超过 3 篇文章。

当创作者积累了一部分关注者，通过私域流通获得足够的初始流量之后可尝试发布文章。与回答相对比较分散的特性不同，文章可以被专栏化、集群化，方便用户对某一主题下的内容进行深入了解，较好地强化账号的专业属性或人格特性。同时，读者对文章的长度更有耐受性（文章字数一般在 2000 字以上）。

对成熟的、专业明晰的账号而言，发布的回答可能被其他优质回答埋没，但文章可以获得更多关注；一般而言，文章获得的点赞数也多于回答获得的点赞数。

（1）筛选好问题的 8 个技巧。

在知乎上，企业或个人可通过以下 8 个技巧筛选出好问题。

① 抓住红利：如 2020 年的热榜和视频。

② 长效问题：有长期讨论价值的问题。

③ 站内搜索：关键词搜索排名越靠前，长尾流量越大。

④ 话题索引：被纳入话题索引的问题，长尾流量更大。

⑤ 绑定话题：绑定关注量高的话题，为问题引流。

⑥ 回答数量：回答数量越多，新回答越难竞争上位，建议回答数量少于 500 个。

⑦ 问题关注：关注量越高，流量越大，建议关注人数大于 500 人。

⑧ 内容相关：与账号自身相关问题、行业或领域相关问题、有知识储备的热门问题。

（2）打造高赞回答的 6 个心得。

优质回答的本质是为用户提供一套解决方案或者满足用户某一方面的需求。因此，企业可以将知乎的问题分类，并总结相应问题的核心侧重点和答题要点进行回答。具体如下。

① 资源盘点型问题，热度高、精准度高、引流效果好、难度一般。此类问题的核心是为用户提供便捷的解决方案，答题要点是：完善的解决方案，如统计所有高赞回答的书目，然后筛选出推荐次数最多的书目，以帮助用户节省时间；权威的解决方案，如哈佛大学教授推荐、TED（美国的一家私有非营利机构）推荐等；精准的解决方案。

② 论证（分享）型问题，热度高、精准度高、引流效果较好、难度高。此类问题的核心是提供严谨的解决方案并且能说服用户；答题要点是树立专业的形象，有明确的观点，逻辑自洽，有合适的案例举证。

③ 故事型问题，热度高、精准度一般、引流效果一般、难度高。此类问题的核心是提供严谨的解决方案并且能说服用户，调动其高唤醒的情绪。

④ 专业型问题，流量小、涨粉效果好、可精准触达目标用户，但流量有限。建议企业必答此类问题，因为回答专业型问题才能打造人设、积累粉丝。

⑤ 泛专业型问题，流量大、涨粉效果一般、可挖掘潜在目标用户，不过内容创作难度较大。建议企业多答此类问题，提升自己在圈外的影响力，打造高质量跨界内容。

⑥ 流量型问题，流量大、涨粉效果不好、可触达全网用户，但缺乏相关性。建议企业慎答此类问题，因为选题不能偏离人设。

（3）优质标题及开头的 4 个特征。

优质的标题和开头能激发读者的好奇心和讨论欲，可以提高内容的点击率及增加正向交互数据，从而使内容在传播中获得更多展现机会。

① 有料：可以给读者新奇的感受，能够给特定范围人群提供实质帮助，如给其他运营者提供多个分析角度。

② 有观点：呈现清晰的观点及态度，避免照搬他人观点或表达带有私人情绪的观点。

③ 可信赖：引用客观、来源可信的数据、案例、报道作为观点支撑，并提供资料出处，方便读者延展阅读。

④ 照顾读者：结构逻辑清晰、语言精练、图片清晰、排版美观等。减少会让读者产生负反馈的内容和行为——与内容不符的标题、降低阅读观感的营销导流信息、洗稿抄袭、不合时宜的配图、跨界强答、答非所问等。

以专业类、经验类、休闲类回答开头为例。专业类内容需内容翔实、引用规范、逻辑清晰，干货满满；经验类内容需经验详尽、贴切，提炼实用性对策，引出结论；休闲类内容需强调共鸣，但需要逻辑性强、角度新颖。

（4）高质量内容的排版规范。

高质量内容的基本排版规范：适当换行，有节奏地换行，规范段落；内容主次分明；善用图片，保持清晰等；巧用分割线；字体、字号统一；重点突出等。

知乎自带 10 个排版功能，分别是加粗、字体变斜、加大字体（只有两种大小的字体）、引用块、代码块、有序列表、无序列表、插入图片、插入视频、插入公式。

## 🎁 7.3.4　善用关注流与推荐流，加强私域和公域的流转

### 1. 知乎私域流量的主要构成——关注流

关注流是知乎首要的流通分发渠道，也是知乎私域流量的主要构成。

它是由用户所关注的创作者的行为所产生的内容集合，创作者新发布内容、点赞、评论都会刷新关注流，并以时间顺序排列。创作者利用这个入口的主要方式是获得更多关注，或依靠内容吸引用户发生点赞、传播等互动行为。

同时，关注和点赞是运营者潜移默化影响用户心智，使定位更明确、人设更立体的主要方式。善用关注不仅可使运营者明确知乎账号的定位，还可帮助运营者及时获得相关领域的信息。

因此，运营者可结合目标用户分析及运营规划，有目的地关注知友、问题、话题、圆桌、专栏等，主要方式是在知乎站内搜索关键词，找到对应话题并关注。需注意的是，为避免刷屏，运营者尽量不要连续关注，要分批次进行。

### 2. 推荐流是知乎公域流量的主要分发渠道，点赞率影响推荐

推荐流是知乎主要的公域流量分发渠道。知乎的推荐方式主要有两种：其一，关注人群相关内容的半主动推荐，创作者的创作质量和数量、系统化的内容商业化管理成为提升创作者对用户吸引力的核心方向；其二，被动的算法推荐，该内容分发模式则需要大数据、算法、模型等的数据和技术支撑，来实现千人千面的内容推荐，如基于机器学习，依据用户关注的话题、行为、搜索阅读的高频关键词来进行个性化推荐，被推荐的内容则是用户兴趣维度下的近 3 个月的优质内容，其排序依据是内容质量与相关度。

获得高推荐量的主要方式是持续创作擅长领域的内容，保持更新频率和内容质量。其中，运营者最应该关注的指标是点赞率而不是点赞数。

## 🔷 7.3.5　善用长尾效应，构建站内和站外传播网

知识问答平台的站内搜索和讨论热度高，站外分享和扩散影响力大。从营销传播角度看，知乎的优质信息不仅有助于在知乎内部引发讨论和关注，还在站外搜索引擎收录中具有高权重、在用户社交媒体扩散中具有高影响力。

### 1. 基于知乎赞同与热榜，放大长尾效应

赞同是知乎带有激励性质的互动形式，赞同内容会自动被推送到关注者的页面。冷启动其实就是利用知乎小范围测试的漏洞，短时间内让回答达到一定的赞，符合知乎的推荐机制中对赞数的要求，从而把该回答推送给更多用户。至于之后回答是否获得高赞，就要看回答的内容是否优质，以及运营者是否善于引导用户点赞。

因此，运营者可通过 20 ~ 30 个赞的运营启动回答，引导系统根据数据进一步推荐，然后持续维持高赞率，实现更多曝光，最后根据前面动作的执行情况获得持续推荐或结束推荐稳定排名。

运营者可通过以下 3 步延长问答话题的生命周期。

第一步，观察话题 48 小时内的流量变化，当流量通过 A/B 测试后可以确定最佳话题；第二步，在所选话题下作答，介绍品牌及产品；第三步，推动回答，使其排名在榜期间保持在前排位置，获取更多流量。

值得注意的是，高频赞同也会有一定的负面影响。建议运营者控制赞同频率与质量，每周赞同不超过 2 个，同时避免点赞低门槛内容，以免影响账号的专业、可靠形象。

此外，登上热榜也是获得知乎推荐的高效方式。目前热榜前 10 的问题，基本可以保持几十万的流量。运营者需要在 24 小时内使一个问题的浏览量、互动量和专业加权领先，促进话题登上热榜。

## 2. 善用搜索，巧用权重，加强关键词 SEO

从站内来看，知乎作为一个知识问答平台，其用户中相当一部分都是根据已有需求或兴趣方向的关键词 / 话题进行检索，检索后知乎展示相关问题，其呈现逻辑是按照关联性与问题关注度进行排序，同时，每个问题的答案也有排序逻辑。

回答排序的逻辑可简单概括为，获赞越多且获反对占互动比例越小，回答排名越靠前，而相同赞同和反对数的回答排序主要受权重影响，权重越高，点赞排名上升越快，反之排名下降越快。

从站外来看，知乎的百度搜索权重很大，搜索排名靠前，在 Web 端、百度搜索、搜狗搜索、微信搜索、微信小程序等各大搜索平台上有良好的展现量和点击量。据知乎官方数据，每天知乎在百度有 2.4 亿次内容展现量、1200 万次点击量。

因此，企业营销时需通过增加关键词，提高搜索时品牌出现的概率，如提出跟品牌名称有关的问题，或在策划品牌话题时，借助第三方去创建话题，在品牌话题下提问，塑造跟品牌有关的趣味性、专业性问题；同时，要定期进行数据维护，保证品牌话题下的问题排名长期靠前。

## 🎁 7.3.6  巧妙引流，促进转化

### 1. 账号互动

与有影响力的用户、机构互动，提升在社区的活跃度的常用互动技巧如下。

通过关注、点赞、评论与知乎 KOL 保持紧密联系；保持对运营的高度关注，紧跟步伐、随时跟进；利用机构号合作推广答题，回答榜单问题获取曝光 / 领域内运营编辑关注；吸引普通用户，适当用技巧增加好感。此外，还可在已有社交平台、媒体阵营引导用户，让核心用户在知乎与自己进行更多互动。

## 2. 巧设钩子

在内容区、评论区、推广区巧妙设置引流钩子，可增加用户营销触点与延长生命周期。

内容区：图片、文字提醒；插入外链；配图内部植入品牌；文末植入微信号或者公众号、官网等，但需注意除非高赞，引流不放在文末，可以通过细分观点自然转化。

评论区：通过精选评论置顶进行引流，引导用户舆论引流等。

推广区：善用"创作者中心"提供的推广功能引流，如作者推荐、Slogan 等。

# 7.4 知乎典型营销场景及案例分析

神策数据知乎机构号是企业服务领域的优质企业号代表，下面将结合其典型营销场景进行运营分析。

## 1. 聚焦定位与阶段性营销目标

神策数据知乎机构号的运营融合了其品牌定位和知乎调性，并根据阶段性的营销目标调整封面图，在用户进入账号主页的第一时间抓住用户眼球。图 7-14 所示是神策数据 2021 年数据驱动大会期间与大会结束后的知乎机构号封面图示例。

不难发现，神策数据知乎机构号始终围绕其品牌理念"帮助中国三千万企业重构数据根基，实现数字化经营"，并在头像、封面图等位置展示官方形象。其中，神策数据知乎机构号在 2021 年数据驱动大会期间，将大会主会场及举办时间等关键信息放在账号封面图中；大会结束之后，其将封面图调整为品牌通用介绍，即介绍神策数据是一家什么样的企业，能够为客户带来什么产品、服务。

图7-14 神策数据知乎机构号封面图示例

## 2. 制订营销计划

神策数据知乎机构号的日常运营计划为保持一周发布3～4篇文章，并尽量保证每篇文章内容专业、有深度、有态度，如图7-15所示。

图7-15 神策数据知乎机构号的日常运营

如神策数据本周侧重于游戏行业实践输出，那么便会在知乎发布与游戏相关的深度文章，如《游戏收入下滑？看新手运营如何用 2 小时定位原因》；如神策数据当天上线教育智能硬件解决方案，那么便会在知乎迅速推送相关内容《神策数据发布教育智能硬件解决方案》。

### 3. 树立专业的答主人设

神策数据知乎机构号不仅会通过发布文章进行品牌营销，也会积极树立专业的答主人设。与其他账号不同，神策数据知乎机构号会主动搜索与品牌营销目标相关联的问题进行专业回答，以确保在与品牌营销目标相关联的问题下实现高频率曝光，如图 7-16 所示。

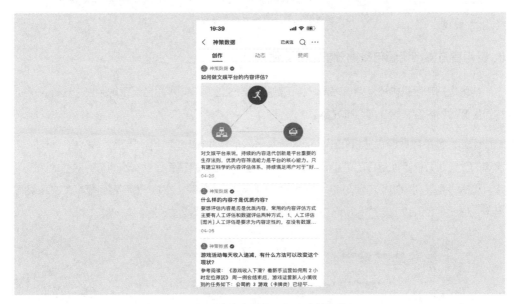

图 7-16　神策数据知乎机构号树立专业的答主人设

### 4. 嵌入外链辅助阅读，提升内容可读性的同时为品牌引流

神策数据知乎机构号内容排版简洁大方，字体、字号统一美观，重点突出，并选择性嵌入了外链辅助阅读，内容可读性较强。

比如，在神策数据知乎机构号发布的《新国货连锁餐饮品牌数字营销报告》一文中，为了让更多读者能够及时下载完整版报告，其在文章开篇嵌入外链，用户点击后可直接跳转至神策数据官网资源图书馆的《新国货连锁餐饮品牌数字营销系列研究报告》页面，如图 7-17 所示。

图 7-17　神策数据知乎机构号在文章中嵌入外链示例

## 5. 善用官方支持资源与数据分析指导运营

　　神策数据知乎机构号运营者表示，神策数据经常快速响应知乎平台运营规则去指导自己的机构号生产优质内容、提升内容曝光量。

　　比如：神策数据通过分析知乎盐值衡量其账号的成长健康度；通过赞同、关注、评论、邀请等的数量，分析近期运营的进步和不足，了解用户对品牌的接受程度，从而有针对性地调整策略；正确、高效利用知乎自荐功能，选择与营销目标匹配度高或者曝光量不符合预期的文章进行自荐，借助平台流量池推广，从而实现内容再一次曝光，如图 7-18 所示。

图 7-18　神策数据利用知乎自荐功能进行文章内容自荐

# 8.

## 短视频营销新版内容

# 8.1 短视频的发展与变革

## 8.1.1 短视频的发展历程

短视频是指在各种新媒体平台上播放的、适合在移动状态和短时休闲状态下观看的、高频推送的视频内容，时长从几秒到几分钟不等。这是一种不同于传统图文、长影片等类型的互联网内容传播方式，随着我国移动互联网技术的飞速发展，以及"网红经济"的繁荣，腾讯、百度、头条等拥有大量优质内容的巨头纷纷投入该行业，使得该行业流量、资本、用户、平台交织，竞争激烈。图 8-1 所示为短视频市场格局。

| 竞争方 | App |
|---|---|
| 腾讯系 | 视频号、微视、Yoo视频、时光小视频、下饭视频、企鹅看看、速看、MOKA摩咔、音兔、闪咖、猫饼、DOV |
| 头条系 | 抖音、西瓜视频、抖音火山版、FaceU |
| 快手系 | 快手、快手极速版、快手概念版 |
| 百度系 | 好看视频、全民小视频、快拍、秒懂视频、人人视频 |
| 阿里系 | 土豆视频、淘宝独客、鹿刻、电流小视频、点淘 |
| 新浪系 | 秒拍、波波视频、小咖秀、爱动小视频 |
| 网易系 | 网易菠萝、网易戏精 |
| 美图系 | 美拍、剪萌 |
| 360系 | 快视频、快剪辑 |
| B站系 | 哔哩哔哩 |

图 8-1　短视频市场格局

中国网络视听节目服务协会发布的《2020 中国网络视听发展研究报告》显示，就市场规模而言，2019 年我国泛网络视听产业的市场规模达 4541.2 亿元。其中短视频市场规模为 1302.4 亿元，相比于综合视频、内容创作、网络音频、OTT+IPTV、网络直播等细分领域，其占比最高，增速最快，如图 8-2 所示。[1]

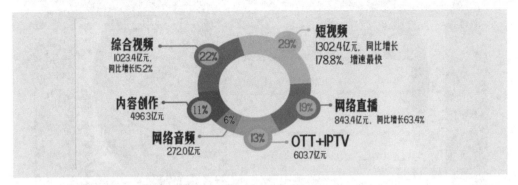

图 8-2  2019 年我国泛网络视听产业的市场规模

就用户规模而言，截至 2020 年 6 月，我国短视频用户规模达 8.18 亿人，已经占据我国网民整体规模的 87.0%，如图 8-3 所示。

图 8-3  短视频用户规模及网民使用率

虽然各大巨头都跻身于此，但目前，我国短视频平台的基本现状已逐渐明朗。梯队排位上，快手与抖音稳坐头把交椅，如图 8-4 所示。内容题材上，基本集中在搞笑、新闻、美食、影视、音乐、生活、游戏、教育、旅游、科普、运动、科技、创业等类型，不同平台根据使用群体的偏好各有差异。无论是一线城市的白领，还是下沉市场的小镇青年，在短视频平台里，似乎都能找到属于自己的一方天地。

---

1  短视频指以抖音、快手为代表的短视频领域，综合视频指以爱奇艺、腾讯、优酷为代表的综合视频领域，网络音频指以喜马拉雅、蜻蜓 FM 为代表的网络音频领域，网络直播指以斗鱼、虎牙为代表的网络直播领域，OTT+IPTV 指智慧电视、交互式网络电视相关领域，内容创作指视听内容生产等相关领域。

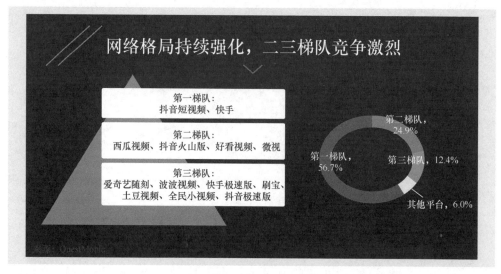

图 8-4　短视频梯队排位

我国的短视频平台主要经历了以下几个发展阶段。

## 1. 第一阶段：聚焦工具属性，打造视频端的美图秀秀

2005 年，恶搞视频《一个馒头引发的血案》在网络走红，尽管后期争议不断，但这个 20 分钟左右的恶搞视频似乎成为微电影、短视频等视频行业的萌芽之作。

2011 年，GIF 快手诞生，其最初是一款用于制作和分享 GIF 图片的手机应用。

2013 年，小影 App 上线，主打"原创视频、全能剪辑的短视频社区"，提供视频剪辑、特效引擎、语音提示等功能，鼓励创作者制作属于自己的 5 分钟原创短视频。上线 20 个月，小影 App 全球用户突破 1 亿人，凭借海量的主题、特效、滤镜、贴纸、曲库、字体等素材，广受用户欢迎。此时的短视频平台处于聚焦工具属性的发展阶段，将一段普通的视频变成炫酷多彩的大片，是短视频平台工具属性阶段的核心目标。

## 2. 第二阶段：以社交属性为主导，分享与互动型短视频成大势

在 2013 年，GIF 快手转型为短视频社区，微视、秒拍亦上线，短视频平台属性从工具属性逐渐向社交属性过渡。微视、秒拍分别将自身平台的视频时长限制在 8 秒、10 秒，且支持

并鼓励用户将拍摄成功的视频分享至微信朋友圈、新浪微博等平台。一时间，社交属性与工具属性成为并行的两列高速列车，组成短视频蓬勃发展的核心要素。曾经"冰桶挑战"因社会精英、娱乐明星的加入，热度被推向顶峰，而秒拍作为媒介载体把"会说会动的个人动态"发挥到极致。差不多同一时期，小咖秀利用剧本对口型场景和邀请明星加入，让短视频平台的社交属性又得到增强。但微视似乎没能利用自身的强社交基因拓展一片天地，2017 年微视进入调整期。

### 3. 第三阶段：各类型 IP 涌现，内容新奇

2016 年，一个自称"集美貌与才华于一身的女子"创作的 3 分钟视频进入大众的视野。其随后创作的短视频内容搞笑且不俗，选题涉及生活、工作、娱乐等方面，在短时间内积累了大量粉丝。于是，茶艺、非物质文化遗产、美食、旅行、摄影、乡村生活等各细分领域开始涌现出不同的 IP，一些活跃在其他平台的主播开始出现在用户视野中。各大短视频平台凭借优质且垂直的内容收获流量红利，同时，大量"网红"机构开始向 MCN 转型。

### 4. 第四阶段：流量变现成终极目标，产业链逐步完善

在激烈竞争后，逐步角逐出抖音、快手这两大巨头。此时，广告变现、直播变现、电商"带货"等方式逐步成为短视频巨头商业化的核心渠道。平台推出付费内容、资本合作、直播打赏等多元变现方式，在获取商业利益的同时，也对创作者进行大幅度的流量扶持与变现鼓励。在某种程度上，平台与创作者的利益绑定，对用户黏性和流量变现存在相近的诉求。在这一阶段，用户的注意力成为短视频平台之间争夺的主要对象。由于对内容供给端的迫切需求，越来越多的 MCN 机构入驻短视频平台，推动内容生产朝体系化道路发展，短视频平台的上下游产业链也逐步完善。

此外，一些拥有电视台播音主持背景的专业人士纷纷入局，他们具备非专业人士所没有的实战经验与传播学知识，他们的加入为内容创作领域注入新的能量。

短视频的内容生产及其分发产业链如图 8-5 所示。

随着短视频逐渐形成产业链，政府开始加大对行业的监管力度，对恶俗、迷信等短视频内容进行监管并查处，且要求各大视频平台开启"青少年模式"，构建网络安全环境。

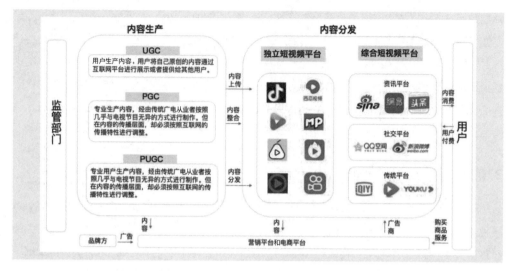

图 8-5　短视频的内容生产及其分发产业链

尽管各大短视频平台的发展阶段、流量沉淀方式、品牌定位、用户构成、价值传递等不尽相同，但平台中的短视频基本都具有以下特点。

第一，时间短。从微视的"黄金 8 秒"开始，"短"就成为短视频最鲜明的特点之一。要想在短时间内讲清楚一件事，创作者需要对自己提出观点鲜明、主次分明、表达清晰等要求。

第二，社交互动性强。用户可以在每条短视频下方点赞、评论，也可以转发，以及对创作者进行关注、发私信、送礼物等操作，还可以将视频分享至微信、微博等主流社交平台。一方面，用户通过短视频突破了时间、空间、人群的限制，参加线上活动变得简单、有趣、高效；另一方面，短视频创作者得到的不只是物质上的创作激励，还有被粉丝喜爱的精神激励。

第三，门槛低。相比拍摄纪录片、电影所需要的价值不菲的设备，拍摄短视频只需要一部智能手机。在短视频领域，人人都可以是创作者、演员，以及后期制作者。但门槛低并不等于质量差，正是因为门槛较低，普通人才有了更多可被发现的机会。

第四，高度碎片化。正是因为短视频时长较短、内容多元等特点，所以内容被简化，从而更好地吸引用户观看。

第五，强机器算法能力。无论快手还是抖音都拥有自己独特的算法推荐机制，科学的算法推荐机制让用户在更容易触达自己喜欢的内容的同时，也能适当打开信息茧房，接触多元的世界。

第六，营销性强。由于平台和创作者变现的需求，短视频适宜广告植入、话题植入、场景植入等，尤其在美妆、生活妙招、知识科普类视频领域植入更为明显。随着算法推荐机制的不断迭代，短视频平台可以将用户感兴趣的内容进行精准推送，为企业精细化运营打下基础。

## 8.1.2 快手的发展阶段

快手诞生于 2011 年，当时名为"GIF 快手"，是一款普通的 GIF 图片工具。如今，快手已正式在香港交易所上市，2020 年全年营收达 587.8 亿元。这一路走来，快手主要经历了以下几个发展阶段。

### 1. 第一阶段：以农村包围城市为策略，快速积累用户

有人说，早期的 GIF 快手可以理解成一款表情包工具。在上线后的第二年，快手推出短视频平台。快手抢占用户的方式之一是通过打造草根明星，让村口的阿姨、种地的农民、乡村小镇青年等普通人成为流量新星，让更多老百姓看到更多可能。快手基于人民群众喜闻乐见的内容，通过个性化推荐算法的不断迭代，针对不同用户的偏好差异化推送短视频，迅速积累大量用户，2015 年快手用户数量便突破 1 亿人。图 8-6 所示为快手发展历程。

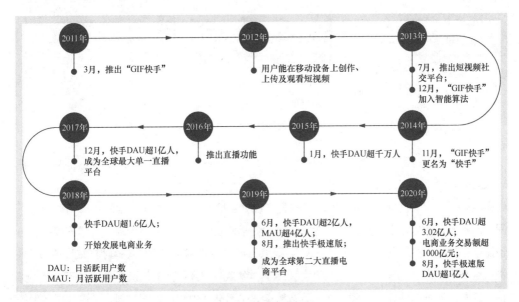

图 8-6　快手发展历程

## 2. 第二阶段：出现强有力的竞争对手，中心化与去中心化

2016 年底，快手用户数量已达 4 亿人，同年，抖音上线。与快手的"群众路线"不同，上线后抖音迅速引入娱乐明星、行业 KOL，吸引一、二线城市年轻人的注意，年轻、充满活力、丰富的视听内容让抖音迅速出名。2018 年初抖音用户增长至 7000 多万人，覆盖内容从早期的音乐、舞蹈、对口型演戏扩展到了新闻、政务、美食、生活等多元领域。

根据 QuestMobile 的报告，2019 年春节期间，在日活跃用户数（DAU）过亿的 App 中，增速排名前 5 的分别是快手（22.4%）、百度（19.6%）、QQ（10.3%）、微博（7.6%）、抖音短视频（7.4%）（见图 8-7），其中，快手日活跃用户数达约 2.14 亿人，抖音短视频约为 2.29亿人。至此，快手、抖音成为短视频平台中的双巨头，其日活跃用户增速也领跑全行业。

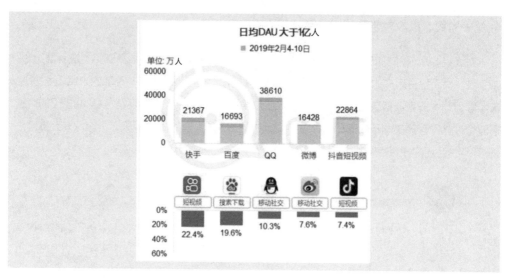

图 8-7　2019 年春节期间日活跃用户数过亿 App 的前 5 名

由于快手和抖音在平台定位、目标用户等方面的不同，二者的核心算法推荐机制也存在较大差异。快手主张普惠，在创作者发布视频后，平台通过自有的机器算法分配流量，倾向优质的视频内容，而非"网红经济"，避免出现平台被"网红"长期占据而普通创作者无人问津的现象。而且，当"爆款"视频的热度达到相应上限之后，平台会降低其曝光权重，给予普通创作者更多曝光机会，讲究兼顾公平和稳定。在保障平台上更多新鲜视频曝光的同时，快手也在不遗余力地去中心化。而抖音会给予"爆款"视频更多的热度权重，对于点赞、评论、转发数据好的视频，平台会加大流量支持，采用推荐中心化分发机制，打造高传播量的

"爆款"视频。快手、抖音利用两种看上去似乎背道而驰的产品理念，成长为短视频领域的两大巨头。

### 3. 第三阶段：私域流量竞争白热化，视频号进场

2020 年，视频号开始进入短视频领域。与快手、抖音相似，视频号同样支持短视频创作和直播"带货"等商业应用场景。但不同的是，视频号背靠拥有 12 亿用户的微信，随着订阅号、服务号、朋友圈、小程序、企业微信的打通，视频号从上线开始就自动成为微信生态的一部分。早期的用户是主动申请视频号，现在的视频号面向全体用户开放。值得关注的是，视频号的推荐机制围绕朋友，即熟人社交，朋友看过、赞过、收藏、评论过的视频成为平台推荐的核心依据之一。由于微信生态优势明显，视频号在私域流量的经营中如鱼得水。视频号将"朋友""商品""信息"串联在一起，将更多公域流量向私域转化。对于同样希望聚焦私域变现的快手等平台而言，视频号的进入无疑让竞争更激烈。图 8-8 所示为视频号入口。

图 8-8 视频号入口页面

### 4. 第四阶段：探寻未来方向——商业变现与差异化运营

由于快手去中心化的算法推荐机制，粉丝与创作者的关系更为紧密，这也为快手的商业变现提供了有利因素。快手 2020 年财报显示：快手平台电商交易总额为 3812 亿元，远超 2019 年的 596 亿元；同时 2020 年直播收入为 332 亿元，同比增长 5.6%；而线上营销服务（主要指广告业务）更是在 2020 年第四季度首次超过直播业务的收入占比。对于目前的快手而言，线上

营销服务、直播、其他服务（含电商）是其营收的三大核心来源，如图 8-9 所示。

| | 截至12月31日的第四季度（未经审计） | | | |
|---|---|---|---|---|
| | 2020年 人民币 | | 2019年 人民币 | % |
| | | (以千元计，百分比除外) | | |
| 直播 | 7899803 | 43.6% | 8520225 | 71.9% |
| 线上营销服务 | 8511345 | 47.0% | 3150990 | 26.6% |
| 其他服务 | 1687508 | 9.4% | 181165 | 1.5% |
| 总计 | 18098656 | 100.0% | 11852380 | 100% |

图 8-9 快手营收的三大核心来源

不难看出，上市后的快手依旧在商业变现的道路上不断探索，但是短视频平台的用户逐渐饱和，快手与抖音在界面、矩阵构成、热榜内容等方面均呈现较高的相似性，且很多主播在这两个平台均有账号，视频内容相似甚至完全相同。中国广视索福瑞媒介研究（CSM）《2020 短视频用户价值研究报告》显示，抖音与快手的用户重合度达 39.7%。如何更好地差异化运营，似乎成为快手在现阶段值得深思的问题之一。

# 8.2 快手平台营销方法论

## 8.2.1 快手平台营销价值解读

对于企业而言，快手平台蕴藏着大量的营销资源，是应引起企业高度重视的流量蓝海。

**企业在平台中获取的不仅有粉丝，还有商机。** 目前快手服务号的用户规模在 2021 年就已突破 1000 万人，服务号用户人均可从平台获取 49 条商机。企业可以基于自身所处行业在快手开设服务号、小店、小程序、本地生活店铺等多重经营阵地；也可以利用平台所提供的商机整合自己的经营诉求，然后通过内容＋产业链在公域中获取更多的有效商机，从而实现经营目标。

**创作者生态日趋完善，内容生态日益繁荣，企业私域流量价值显著提升。** 2020 年，快手平台创作者私域收入达 400 亿元。快手在 2021 年已拥有 8 万个兴趣点和 40 多个内容类别，内容涵盖美食、美妆、时尚、健康、艺术、影视等 300 多个细分领域。得益于平台独特的信任文化，快手粉丝对创作者有极高的忠诚度，加上多且垂直的内容领域，创作者可从中较好地找到适合自身的发展路径。

**直播链路已跑通，头部企业已完成试水转型。**2020 年，格力电器董事长董明珠曾在快手直播间创下 30 分钟完成 1 亿元成交额的纪录；去哪儿网 CEO 陈刚在快手直播 2 小时，累积观看人数 383.5 万人，成交总额 1605 万元；富士康员工在快手直播宣传园区生活，吸引更多的求职者应聘。因为快手平台具有多元市场、普惠生态、商业基因与信任关系等特点，随着头部企业的试水完成，一些中小企业也开始尝试通过直播获取相应的商业价值，通过线上直播打通线下业务场景。创作者可以选择自产自播；也可以依靠达人开放平台，与海量达人合作。

**官方流量扶持，辅助企业实现经营目标。**企业可以通过短视频平台向外传递企业的商务类型或品牌价值，企业也需要在这一传递过程中获取反馈，这时可利用平台提供的一系列针对商家运营功能和健康度诊断的工具，以及如何增粉、增加播放量、变现、建立企业成长体系等官方教学内容，判断自己的视频价值。同时，平台对企业的流量倾斜与扶持，也让更多企业在流量红利日渐减少的当下看到了机会。

更重要的是，快手上惊人的用户数量，以及高度繁荣的内容生态、平等普惠的平台价值，为企业营销提供了良好条件。不难发现，快手通过打造原创内容、突显私域价值、建立有效商机、加大流量与工具扶持、打通直播电商链路，以及提供运营培训等多重手段，吸引了大量企业入驻。

## 🔷 8.2.2　快手平台营销方法

按照快手平台的运营模式，这里选取企业在快手平台需要重点关注的营销领域——**内容生产领域、传播曝光领域、直播电商领域、达人领域**（达人属于付费系列，后文不做详细解释），结合官方扶持政策，从营销触达方式出发，解读并总结企业在快手平台中的营销方法。

针对不同的触达方式，从频次、展现深度、精准性、开放程度 4 个维度对快手营销触点进行评估，每个维度的分数值为 0 ~ 100 分，分数从低到高代表频次从低到高、展现深度从浅到深、精准性从低到高、开放程度从低到高，如表 8-1 所示。

### 表8-1　快手营销触点的评估标准

| 评估维度 | 权重 | 触达等级评分 | | | | |
|---|---|---|---|---|---|---|
| | | 0分 | 25分 | 50分 | 75分 | 100分 |
| 频次 | 15% | 分数从低到高，代表频次从低到高 | | | | |
| 展现深度 | 25% | 分数从低到高，代表展现深度从浅到深 | | | | |
| 精准性 | 25% | 分数从低到高，代表精准性从低到高 | | | | |
| 开放程度 | 35% | 分数从低到高，代表开放程度从低到高 | | | | |

## 1. 内容生产领域：9种优质原创内容法则，充分利用圈子文化

优质的原创视频内容，是企业占据用户心智的法宝。在快手平台对内容质量的强监管下，搬运、抄袭等的视频非但不会"迅速破圈"，反而可能会被平台下架，甚至封号。目前，若原创者在快手平台申诉成功，快手平台会将搬运者的粉丝直接转移到原创者的账号。而且在主播和粉丝强信任的文化下，优质的原创视频内容是企业重要的营销场景之一。表8-2所示为内容生产领域营销触点分析。

### 表8-2　内容生产领域营销触点分析

| 序号 | 营销触点 | 触达等级评分 | | | | | 规则 |
|---|---|---|---|---|---|---|---|
| | | 总计 | 频次 15% | 展现深度 25% | 精准性 25% | 开放程度 35% | |
| 1 | 关注页 | 68 | 77 | 41 | 75 | 78 | 创作者发布视频后，粉丝可直接在关注页中查阅，同时用户也会收到关注者的动态通知 |
| 2 | 同城页 | 58 | 79 | 47 | 44 | 68 | LBS（基于位置的服务）定位，创作者在发布视频时如果带上定位标签，同样开启定位设置的同城用户即可在同城页查阅视频 |
| 3 | 发现页 | 65 | 80 | 58 | 44 | 78 | 快手平台会将各方面表现较好的内容（类似"热门视频"）推送至发现页，供用户查阅 |
| 4 | 精选页 | 72 | 74 | 69 | 79 | 68 | 根据用户的个人偏好，快手平台为用户推荐个性化视频 |

精选页是指快手平台根据视频推荐逻辑推送至用户的视频页面，关注页、发现页则采用双列视频流模式，供用户选择视频。当企业运营的快手账号具备内容优质原创、领域垂直、高频发布、人设清晰等条件时，会吸引更多用户关注，从而让视频出现在用户的精选页、关注页、发现页。因此，优质原创内容是企业在快手平台营销的重要前提。

（1）快手短视频营销，先要做好面子工程。

数据表现较为优异的视频均在标题、封面、领域、人设等方面较为统一，比如标题简洁并传递出视频核心内容，封面颜色亮丽、主题突出，深耕同一垂直领域，人设真实且具象化。简单来说，标题、封面、领域、人设统一，是企业在快手平台营销时吸睛的前提。图 8-10 所示为具有信息价值的快手封面。

图 8-10　具有信息价值的快手封面

**方法论一：适度完善封面，奠定场景基调与价值定位。**

封面是企业传递自身核心价值时给用户留下的第一印象。由于快手双列视频流的设计，封面在某种程度上对打开率起着至关重要的作用。毕竟，视频影像与文字不同，人们在阅读文字时，大脑需要根据文字内容进行场景想象，产生思考才能理解；但人们在观看视频影像时，由于视频、文字、音乐等内容素材完全被展现在眼前，此时"接受"比"思考"占据了更大的比例。所以，一个优质的封面可以给用户留下想象的空间，从而让用户对视频内容产生好奇。

另外，同一账号的封面可在某种程度上保持视觉统一性，以便让用户从封面中认知到账号的垂直领域。

**方法论二：简明扼要，用封面标题传递视频核心信息。**

在封面上呈现的内容，除了要整体协调、保持一定的美感之外，标题还要传递整个视频核心内容的精髓。通常情况下，标题需要简明扼要，如同一篇文章的题目起提纲挈领的作用。创作者应将标题的字数保持在 10 个字以内，否则封面会显得过于拥挤。另外，在做到高度概括视频内容的同时，在标题中使用一些数字、英文等字符，可以起到突出重点、强化视觉可读性的作用。

**方法论三：做"聪明的标题"，用文字描述吸引用户。**

视频下方的文字描述起到对视频内容的解释作用，相比标题，描述部分的文字可略长，可表达视频的核心意义，也可表达创作者的某种感受。所谓"聪明的标题"，具体体现在：第一，用一些吸引人的修辞让文字描述生动有趣，拒绝单调乏味；第二，将用户熟悉、容易产生共鸣的内容融入文字描述中；第三，将当下流行的词汇或话题融入文字描述中，比如拼音缩写等，用文字描述吸引用户。当然，也可以直接使用简单、无修饰的视频内容来描述，不必为了变换花样，丢失文字描述原本的意义。

（2）先做足"面子"，再做好"里子"。

对于一条优质的短视频而言，"面子"做得再精美，"里子"的内容跟不上，也很难从众多视频中脱颖而出。那么企业应当如何打造完美的"里子"呢？

**方法论一：聚焦热榜话题，植入企业认知。**

点开快手的搜索栏，可以看到"快手热榜"（见图 8-11），企业可从热榜中选取与自身账号相符合的话题素材，将热门话题素材与企业账号内容结合，保持内容的新鲜感。

图 8-11　快手热榜

**方法论二：真情实感，让用户产生共鸣与惊喜。**

在乡间玩耍的孩童，时而和伙伴无忧无虑地追逐，时而问旁边编竹筐的奶奶：爸爸妈妈什么时候回来？这样的画面既展现了一个天真无邪的儿童，又透露出当下乡村留守儿童的日常。没有过多的剧情演绎，儿童流露出的情感却直接触动大众内心，这就是真情实感的力量。同样，企业在做短视频内容时，不要为了剧本丢失情感。另外，反转也是较好的增加吸引力的方法之一，往往能为用户带来意想不到的惊喜。

**方法论三：3秒原则，弹好引人入胜的前奏。**

短视频与电影、电视不同，它没有太多的时间交代故事的背景和细节，需要直奔主题，抢占用户注意力。所谓"3秒原则"，就是指企业需要在视频开始后的3秒左右给出一个观点或是问题等引子，让用户对后续的视频内容产生兴趣，而非简单地平铺直叙。引子的质量在很大程度上决定了视频完播率。

**方法论四：用固定元素夯实风格，打上记忆烙印。**

对粉丝来说，鲜明稳定的人设让账号更有辨识度、记忆点和可信赖度，能有效增强粉丝互动和增加用户停留时长。许多优质的短视频创作者会在视频的开头、结尾等处植入特有的风格元素（见图8-12），如台词、表情包、个人表情、背景、个人造型等，这是为了让用户在看视频的同时，不自觉地对该创作者或该账号产生条件反射，为用户打上记忆烙印。有的创作者还会通过在每个视频上使用同一个滤镜模板的方式，强化用户对该账号风格的认知。

图 8-12　短视频中的特色固定元素

**方法论五：呈现方式与角度统一，朝适合企业的风格迈进。**

企业在摸索短视频账号阶段，常常会产生各种各样的新想法，一会儿对单人口播感兴趣，一会儿对多人剧情类感兴趣。在视频内容与风格未定之时，进行各种各样的尝试会成为企业初入短视频领域时的常态。但是，当企业摸索出适合自己的风格与领域之后，就应当统一呈现方式，朝合适的风格迈进。垂直、有深度的内容有助于更精准地获取用户、与用户产生共鸣。比如，一位创作者发布的视频全是以她本人店铺的吧台为背景，通过单人口播的方式，讲解各类葡萄酒的口感、价格等内容，而且内容非常垂直，聚焦酒类中的葡萄酒。

**方法论六：关注"创作者中心"，利用数据分析进行内容迭代。**

快手的"创作者中心"板块，有创作者学院、作品推广、任务中心、更多服务、主播中心、热门活动、作者任务、创作灵感等内容，同时，还支持单条内容分析，包括播放量、活跃度、粉丝数、粉丝分析、流量来源、平台建议等细分内容，供创作者查看自己的视频质量。官方提供的"创作者中心"包含打造"爆款"视频的指导意见，其中的细分指标值得创作者深入分析。

## 2. 传播曝光领域：14个运营曝光策略，吸引更多粉丝关注

表8-3所示为传播曝光领域营销触点分析。

**表8-3 传播曝光领域营销触点分析**

| 序号 | 营销触点 | 触达等级评分 | | | | | 规则 |
|---|---|---|---|---|---|---|---|
| | | 总计 | 频次 15% | 展现深度 25% | 精准性 25% | 开放程度 35% | |
| 1 | 个人简介 | 73 | 74 | 58 | 79 | 80 | 可在个人简介中填写介绍信息，比如所属行业、直播时间等。内容字数不可超过255个 |
| 2 | 昵称 | 67 | 55 | 74 | 61 | 70 | 昵称一周可更改2次 |
| 3 | 粉丝群 | 65 | 74 | 79 | 58 | 55 | 可创建一个200人的粉丝群，展示在账号主页 |
| 4 | 主页头像 | 74 | 69 | 73 | 80 | 72 | 可随时更换主页头像 |
| 5 | 热门活动 | 61 | 50 | 58 | 74 | 58 | 参加官方推荐的热门活动后可享受部分扶持政策 |
| 6 | 视频合辑 | 74 | 77 | 80 | 65 | 76 | 可按类型制作视频合辑，将同类型视频组合在一起方便用户查找 |
| 7 | 话题标签 | 68 | 59 | 64 | 68 | 74 | 添加#标签，以便将视频推向更匹配的用户人群 |
| 8 | 个人动态 | 58 | 80 | 44 | 37 | 74 | 类似QQ说说，可以通过文字或图片展示 |
| 9 | 评论引导 | 67 | 74 | 58 | 72 | 67 | 在评论中做内容主题引导 |
| 10 | 好友分享 | 63 | 74 | 59 | 35 | 80 | 将作品分享给平台内的好友或群组 |

续表

| 序号 | 营销触点 | 触达等级评分 | | | | | 规则 |
|---|---|---|---|---|---|---|---|
| | | 总计 | 频次 15% | 展现深度 25% | 精准性 25% | 开放程度 35% | |
| 11 | 站外分享 | 59 | 79 | 51 | 45 | 65 | 将作品分享至微信等站外平台 |
| 12 | 快手小店 | 65 | 74 | 63 | 71 | 59 | 在首页展示，可显示所有商品列表 |

（1）私域流量时代，运营视频先经营人设。

对于同样主题、类型的账号，有的视频播放量达百万次，粉丝转化率极高，甚至能让粉丝自发地传播，而有的账号却鲜有人关注。之所以会有如此差异，很大程度上是因为前者让用户产生了类似对人的认知。由此可见经营好人设有助于吸引粉丝。

**方法论一：个人简介精准定位，打造人设第一步。**

当用户进入快手某一账号主页时，会直接看到账号名称。对于个人用户而言，账号名称只是社交网站上的一个昵称，但对于企业账号来说，账号名称会向用户传递人设信息。比如，在线教育企业的账号名称可能叫作"小张老师教语文""物理天才"等，零售商超的账号名称可能叫作"零食大侠""今日小卖铺"等。在有了可以传递出企业价值信息的账号名称之后，名称下方的简介也同样起着传递人设信息的作用。在个人简介中，企业要清晰地向用户传递账号所专注的领域、特色、用户可以收获的价值等内容，力争做到当用户看到企业账号的个人简介时，就对该企业的定位和价值有了基本认知。

**方法论二：主页头像要突显特色个性，传递账号内容。**

主页头像的基本要求是清晰。如果是以企业名称命名的官方账号，则要选取清晰的企业标志图片，同时要注意图片尺寸。如果是以企业的某个个体的名义建立的账号，应选取可突显该个体特点的头像。在企业打造短视频账号的过程中，头像并不是按照运营者的个人喜好随意选择的，一个优质的账号头像可以向外界传递该账号所承载的视频信息，以便用户快速了解账号的内容。

**方法论三：粉丝群要营造社群氛围，做好私域流量入口。**

快手鼓励运营者打造自己的粉丝圈子，无论是百万粉丝的账号，还是刚刚开设的账号，都可创建自己的粉丝群。同时，运营者可以将个人粉丝群的入口展示在主页中，以便用户迅速入群。不过，即使群入口在主页位置，运营者也需要取一个简单明了的群名称，让粉丝们"一看就懂，一懂就加"，这样才能方便日后对私域流量的管理。

（2）分门别类，降低粉丝理解门槛。

当创作者的视频内容被推送至某一用户时，用户迅速被视频内容吸引，然后进入账号主页，关注并浏览其余视频，最终成为一名忠实粉丝。然而，实现这一目标的前提是，用户能理解视频内容、看懂视频中的信息。对于创作者来说，要做的就是降低粉丝理解门槛。

**方法论一：话题标签、地点、@，缺一不可。**

在发布视频的时候，可选择与视频内容匹配的话题标签。比如，视频内容与高考相关，就可以在添加话题标签的时候选择"高考""成绩""高考第一天"等相关的话题标签，还可以在当日的快手热榜中寻找相关性强且热度较高的话题标签，与视频内容关联。另外，由于快手提供"同城展示"页面，所以在发布视频时，可在位置选项中标记相关定位，当视频发布之后，视频就有机会出现在"同城展示"页面。快手的 @ 功能类似微博的 @ 功能。在编辑文案时，使用 @ 功能可以圈选相关联系人。创作者通过话题标签、地点、@3 个功能，能让用户在阅读视频文案时更好地理解视频内容。

**方法论二：整理视频合辑，提升用户体验。**

有些账号会在主页中展示一些视频合辑，当用户查看视频合辑时，会发现里面的文案按某种形式排序，有一种看连续剧的感觉。视频合辑其实是为了将同系列、同主题的内容整理成单元的形式，以便提升用户的体验，如教育类账号下的期末合辑、日常测试合辑、升学合辑等。

**方法论三：及时更新个人动态，辅助内容理解。**

上文提到过，个人简介需要精准定位，因为这是打造人设的第一步。但个人简介并非一成不变，它除了向外界传递账号的定位、人设信息以外，还具有辅助用户理解视频内容的作用和价值。创作者应定期调整简介内容，努力做到简介内容与视频内容更匹配。另外，除了更新视频以外，企业类账号可以通过文字 + 图片的方式更新动态，发布一些与视频内容相关的内容，帮助用户更好地理解视频内容。

**方法论四：参加垂类热门活动，获取官方流量扶持。**

创作者需要非常清楚平台支持的视频类型与方向。快手平台中存在着大量的官方助手账号，如快手小助手、快手活动、快手新知、快手管理员、快手创作者中心等。这些官方助手账号会不定期推送平台热门的题材、活动等。创作者在视频类型允许的情况下，多参加热门活动，不但能及时跟上平台脚步，还能获取一些流量上的扶持，如获得流量曝光圈、官方流量助推等物质奖励。图 8-13 所示为快手热门活动。

**方法论五：引导粉丝评论，反推视频主题。**

对于一个新账号而言，被评论的机会少，此时，创作者需要在视频的评论区做一些引导，鼓励刷到该条视频的用户参与评论，从而形成一定的交互。例如，创作者可在评论区发表"你觉得对吗""你会这样做吗"等期待观点、意见输出的内容。当用户评论变多之后，创作者甚至可从用户的观点、意见中产生新的想法，为下次的视频主题做准备。图 8-14 所示为评论区互动。

图 8-13　快手热门活动　　　　　　　图 8-14　评论区互动

（3）多渠道分发，增加热度。

当视频在站内发布之后，并不意味着大功告成。创作者还需要通过分享功能多渠道分发视频，为视频内容增加热度。

**方法论一：热门视频评论互动，从"热门"引流。**

当创作者发布了一条与高考相关的视频之后，可以在与高考相关联的热门视频中选择一些内容进行评论。在热门视频下评论能帮助账号增加曝光的概率，若评论被原创作者回复，或是被原创作者的粉丝点赞成为热门评论，就有可能把这些粉丝引流。

**方法论二：打通小程序，全媒体矩阵营销。**

在视频发布之后，可以将视频转发至站内好友及相关群组。快手短视频的分发渠道与微信打通，当用户将平台上的视频转发至微信好友或者朋友圈时，在微信端可直接观看、点赞、评论、转发。微信的"边界"被快手短视频打通，全媒体矩阵营销成为可能，如图 8-15 所示。

图 8-15　快手短视频的多渠道分发

**方法论三：线下配合线上，扩大流量入口。**

对于某些零售、餐饮等线下门店占有一定比重的企业而言，线下门店与线上短视频配合成为扩大流量入口的好选择。比如，有些店铺会利用"新品＋短视频"的方式组织活动，鼓励用户将线下探店与视频拍摄相结合，通过线上和线下联动的方式，引导用户自发地成为传播者，进入企业短视频传播的链路中。

**方法论四：依靠"组织的力量"，将视频营销纳入市场营销体系。**

企业建立的短视频账号与个人账号稍有不同，它背靠的是一家真实存在的企业，可依托企业的营销体系。视频营销应当与市场活动、线上投放、传统内容营销等联动。企业应将视频营销纳入整个市场营销体系中，按照视频营销的作用与特点去匹配它可实现的价值意义与贡献度。对一家企业来说，视频营销是新兴的营销方式，它应当与已存在的营销方式互相配合，在整个市场营销体系中发挥属于它的作用。

（4）细节决定成败，做好精细化运营。

"细节决定成败"，运营者需要对短视频平台的规则变化、引导方向、策略动态等内容了然于胸，及时了解平台对某些细节的调整，做好精细化运营。

**方法论一：关注官方动态，紧盯官方规则。**

运营者可以通过关注快手小助手、快手活动等一系列官方助手账号来捕捉平台的动态。另外，运营者还可通过短视频领域的公众号、媒体网站，时刻关注各大短视频平台的动态，及时获悉各平台对当下某一新鲜事物的价值判断，以及因行业方向变化而进行的策略调整。由于运营者肩负着企业短视频营销的重任，因此必须时刻关注这些重要的动态信息，紧盯官方规则，这样才能不断调整并匹配相应的市场营销策略。

**方法论二：及时更新升级，站在"潮流一线"。**

与各类 App 一样，短视频 App 也在不断迭代产品内容，以便满足更多用户的需求。想时刻站在"潮流一线"的用户，必须将更新升级牢记于心。举一个微信的例子，当用户的手机没有升级至最新版本时，就无法开通小程序、无法在 PC 端查看朋友圈、无法看到最新的表情符号等。运营者需要在第一时间了解产品的具体更新内容，才能找到产品更新升级后的流量获取方式、价值点等。

### 3. 直播电商领域：3种企业营销变现方法，鼓励私域圈子流量转化

表 8-4 所示为直播电商领域营销触点分析。

**表8-4　直播电商领域营销触点分析**

| 序号 | 营销触点 | 触达等级评分 | | | | | 规则 |
|---|---|---|---|---|---|---|---|
| | | 总计 | 频次 15% | 展现深度 25% | 精准性 25% | 开放程度 35% | |
| 1 | 直播间简介 | 70 | 77 | 80 | 67 | 62 | 可在直播简介中填写介绍信息，比如所属行业、直播主题等。不可超过10个字 |
| 2 | 线索窗口 | 64 | 80 | 65 | 67 | 55 | 服务号提供商品线索咨询入口 |
| 3 | 直播评论 | 69 | 80 | 72 | 47 | 79 | 可在直播间发送语音、文字评论 |
| 4 | 商品推荐 | 59 | 69 | 51 | 77 | 48 | 服务号提供"带货"列表 |
| 5 | PK（对决） | 64 | 74 | 59 | 57 | 68 | 粉丝助力主播与其他主播PK |
| 6 | 连麦 | 55 | 75 | 57 | 39 | 57 | 粉丝可与主播连麦聊天 |

**方法论一：直播前，排兵布阵，做到万事俱备。**

如今直播"带货"的人越来越多，这也让"直播"逐渐与"收入""变现"绑定在一起。然而要想打造一场完美的直播，需要在直播前努力做到万事俱备。"变现"只是一个结果导向的目标，踏踏实实地完成每一步才重要。

首先，装修快手小店，上架匹配账号的同调性的商品。可上架商品的种类有很多，许多运营者往往图新鲜、抢眼，而忽略了上架的商品与自身定位是否匹配。比如，一个在线教育类账号如果在快手小店上架的都是美妆、娱乐等商品，不但与账号人设不符，也无法突出其在美妆、娱乐方面的专业性。对于这一账号来说，将所推荐商品变为图书，将快手小店的风格定位为"书店"可能更加合适。

其次，固定直播时间与频率。运营者可以根据自身情况确定直播时间，但无论是一周3次还是一周1次，都要尽可能地将时间与频次固定，如将直播时间固定在每周六晚8点、每天上午9点等，让观看直播的粉丝形成习惯。这样有利于高效沉淀私域粉丝。

再次，在粉丝群、好友列表、微信群全面预告直播信息。确定直播频率和具体时间之后，运营者需要对外传递直播信息。在个人简介、粉丝群、好友、微信群等可关联企业视频号的渠道，都需要发布直播预告的信息。快手平台还支持将某一视频与直播预告相关联。当用户刷到某条被关联的视频时，屏幕下方会出现预约报名观看直播的提示，鼓励用户提前报名。

最后，精准预判用户注意点。一场成功的"带货"直播绝不是单纯的闲聊，而是通过直播时的互动、赠送礼物等手段多方位打造真实可信的主播形象。运营者需要在直播前确定直播主题、持续时间、互动频次等，具体行为可精确至分钟，比如前 10 分钟作为主播介绍时间、中间某时段介绍产品、某时段抽奖互动、某时段邀请粉丝连麦等。

**方法论二：直播中，箭在弦上，学会"巧借东风"。**

当准备工作做好后，运营者就可以开始直播了。

首先，学会利用工具。运营者需要学会利用平台提供的便利功能更好地完成直播。在直播的过程中，可以看到平台提供了许多表情、滤镜、美妆、贴纸等工具，运营者应学会在直播中合理利用这些工具。一方面，运营者可以通过工具的热度为直播增加流量推送的可能性；另一方面，也为粉丝提供身临其境的视觉感受。图 8-16 所示的"直播广场"的位置。

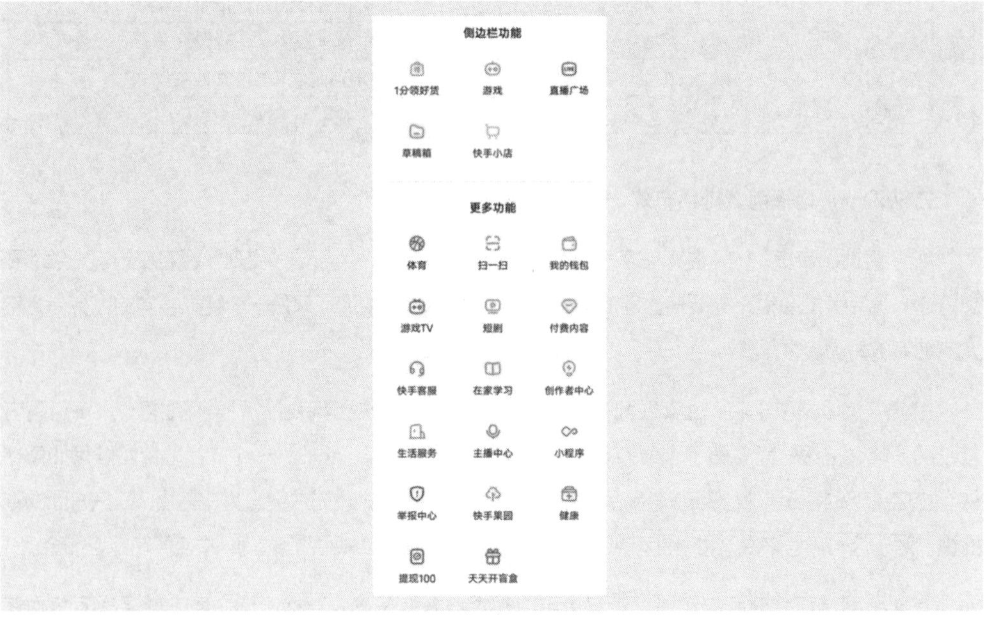

图 8-16　在"设置"中可找到"直播广场"

其次，开启线索信息。获得"蓝 V"认证的企业账号，即服务号，本身就自带平台赋予的"交易"

"商业"信息，在直播时，可开启"线索"按钮，即通过设置相应的产品内容生成"线索"，每当有粉丝点击"线索"时，不但会有相应的信息留资，还能让企业账号运营者看到短视频这一渠道带来的商机。

最后，牢记直播互动。大多数运营者在直播"带货"时只想着如何将手中的商品卖出去，以至于忘记屏幕对面的粉丝是一个个鲜活的个体，如果一味地推荐、叫卖，这些鲜活的个体会产生厌倦感。在直播过程中，主播要加强互动。直播间抽奖、直播间连麦、主播 PK 等，这些都是主播与直播间粉丝产生强互动的良好方式。运营者应当明白，企业输出的不仅是一个个可以获得商业变现的商品，还是粉丝的一种信任感。注意，不要盲目推荐商品，而忘记粉丝看重的信任感与交互体验。

**方法论三：直播后，以终为始，维系圈子情怀。**

直播结束，仅仅意味着这场直播画上了句号，对于企业的整个视频营销体系而言，这很可能是一个新的开始，因为它或许带来了更多的机会，以及企业后续可深挖出的运营策略。

首先，当关闭直播间时，系统会弹出直播数据，这份数据将清晰地展示直播观众数、送礼人数、在线人数峰值、有效直播时长等。企业在纵向与横向对比分析这些数据后，可能会产生新的发现，这些数据也会为后续的直播迭代提供数据支持。

其次，在直播结束后，对于在本次直播中贡献较大的粉丝，平台会将他们的账号整理出来，此时，主播可以给这些粉丝发私信表示感谢。换个角度，当你所关注的主播主动给你发信息，感谢你一直以来的支持时，你是不是会觉得心头涌上一丝丝欣慰和感动呢？真情实感，是最简单且有效的沟通方法。

最后，主播应将本场直播中所有粉丝提出的问题等文字信息进行统计与分析，一方面是为了复盘，另一方面是为了从粉丝关心的问题中提炼出新的话题。主播还可将本场直播的结果与直播前的预期效果进行对比分析，比如是否按原计划运用已准备的话术、是否在有限的时间内与粉丝交流了已准备的内容、是否记得利用平台提供的工具提升视觉效果等。

# 8.3　短视频社会化营销场景及案例

## 8.3.1　短视频预热电商直播，转行跨界收获1亿元GMV

某服装搭配创作者早期从事汽车修理行业，2018 年开始接触服装行业并投身直播事业，

2019年，其带领的团队收获1亿元商品交易总额（Gross Merchandise Volume，GMV）的喜人成绩，成为快手电商平台中不可小觑的新势力之一。

其特色营销策略如下。

**第一，服务化色彩强烈，打造教练人设。**在其账号主页，用户可以清楚地看到服务信息，比如账号定位、直播时间、咨询渠道。其专注电商直播，在个人主页强调直播时间与关注信息，向用户传递教练的人设信息。

**第二，短视频辅助直播，将变现效果最大化。**不同于搞笑段子，该创作者主要在电商直播发力，其发布短视频的核心目的之一是为直播引流，在文案、封面、标题等方面也偏向为直播预热。

**第三，打造优秀的售后服务团队。**在该账号的快手小店页面，能看到官方给予的"资质保障""卖货大师""金牌客服""极速回复"等标签，点击"客服"按钮后，人工客服回复非常迅速得体，且该店铺的售后体验评分高达4.8分。直播电商往往注重短、平、快地卖货，容易忽视用户的实际购买体验，导致复购率低。售后服务是企业在经营电商直播时尤其需要注意的地方。

## 🔷 8.3.2 沉浸式场景＋夸张表达，百万级粉丝账号20多个

某家居品牌旗下的MCN机构早在2004年就开始布局社交网络服务（Social Network Service，SNS）营销，2017年底开始布局短视频营销，到2018年底，其短视频账号的全网粉丝量已突破一亿人，百万级粉丝账号超过20个。2018年，其自孵化的达人IP试水直播"带货"，单场直播的订单量一小时突破3000单。

其特色营销策略如下。

**第一，场景化沉浸式体验，解决具体需求痛点。**仔细观察该账号的视频内容，会发现其非常善于假设，比如"房子不隔音怎么办""屋子太小转不开身怎么办"等。其一边假设困扰大家的现实问题，一边用真人或动画的方式给出解决方案，将自身产品变为用户能感知到的解决方法。

**第二，设计多个营销触点，搭建私域流量池。**在该账号的简介中，能看到添加微信的指示路径，可知商家希望将快手的流量引至微信生态，以便后续在微信生态中的整合与运营。另外，在该账号的主页背景中，还可看到"关注＋私信我，免费体验超赞设计"的营销触点。

### 8.3.3　真实记录＋视觉冲击，小本生意也能拥有大流量市场

某美食账号拥有 397.5 万个粉丝，主要偏向面食教学。该创作者一边经营自家店铺、一边招收学员，属于小本生意。

其特色营销策略如下。

**第一，真实记录学员的学习状态，传递靠谱信息**。在其所发布的视频中，有许多直接展示学员学习状态的视频。一群人热火朝天地用面粉制作各式各样面点的画面，简单直接地向用户传递了"靠谱培训师"的人设信息。

**第二，紧抓视频领域独有的视觉冲击点**。与文字、静态图片不同，视频天然拥有强大的动效能力。该账号很好地抓住了画面的视觉冲击点，用硕大的灶具、堆积如山的面粉，为用户呈现面点师傅的日常。同时，店铺外排着长队等着购买面点的老百姓，也侧面说明了创作者的技术实力。

### 8.3.4　从企业 IP 经营看 B 端企业如何切入 C 端视频领域

神策数据是国内专业的大数据分析和营销科技服务提供商，为企业提供神策营销云、神策分析云、神策数据根基平台三大产品方案，通过全渠道的数据采集与全域用户 ID 打通、全场景多维度数据分析、全通道的精准用户触达，帮助企业实现数字化经营。由于 B 端（Business，商家）属性的特色极为明显，神策数据在入局 C 端（Consumer，消费者、用户）短视频领域市场时，采取了以下几个特色营销策略。

**第一，打造 IP 人物，拉近与用户的距离**。对于普通用户而言，企业服务领域距离用户的现实生活较远。神策数据通过"小数点姐姐"人设向外输出个人 IP 形象，帮助用户建立起"小数点姐姐＝神策数据"的关联印象，从而将神策数据"植入"用户心智。其在 IP 经营过程中，又基于 IP 进行衍生内容的创作矩阵运营，如"神策讲营销科技""神策使用指南"等。

**第二，根据数据分析，优化领域定位**。早期"小数点姐姐"会重点介绍大数据、用户行为分析模型等与企业业务紧密相关的内容，比如"什么是数据采集""数据分析模型有哪些"。由于领域过于细分，受众较少，其后期调整了视频内容，定位在互联网、商业财经等领域，吸引更多的用户关注。

**第三，抓住热门话题，制造"爆款"视频**。受互联网红利渐退等影响，新注册的账号在人气、流量等方面不占优势。"小数点姐姐"从热门话题入手，在只有 100 多个粉丝的时候成功制作出播放量超过 74 万次的视频。

# 9. 社交广告营销方法论专题

# 9.1 中国互联网发展及社交平台广告

## 9.1.1 互联网飞速变化的10年，网民增长到近10亿人

2010—2020 年是中国互联网飞速变化的 10 年，中国互联网从网站与网页等基础资源、用户覆盖规模，到各类互联网应用、服务使用的情况皆发生了翻天覆地的变化。图 9-1 所示是中国 2010—2020 年互联网用户规模及普及率。可以看到，2010—2020 年，中国互联网网民规模、普及率持续上涨，网民规模已经由 2010 年的约 4.57 亿人上涨到 2020 年的约 9.89 亿人，上涨 116%，普及率也从 34.30% 上涨到 70.40%。

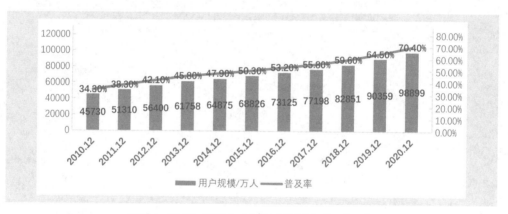

图 9-1　2010—2020 年中国互联网用户规模及普及率

网民规模的扩大带来了流量的大幅上涨，这直接反映在中国第 4 版互联网协议（Internet Protocol version 4，IPv4）及第 6 版互联网协议（Internet Protocol version 6，IPv6）数量的飞速变化上。2010—2020 年，中国 IPv4 数量稳定在 3 亿左右，2014—2020 年保持在 3.8 亿左右，如图 9-2 所示。IPv6 的数量则呈现了指数型增长，由 2010 年的 429 快速上涨到 2020 年的约 5.7 万，如图 9-3 所示。IPv6 数量的快速上涨标志着中国互联网的流量快速上涨，同时也标志着对流量传输效率的需求与日俱增。

推动中国互联网用户规模扩大、流量飞速上涨的主力来自移动端。在过去 10 多年中，中国移动互联网用户的规模、覆盖程度，以及使用深度都发生了巨大的变化。2010—2020 年，中国

移动互联网用户规模从约 3 亿人发展到约 9.8 亿人,增长约 227%,移动互联网用户的占比更是从 66.20% 上涨到 99.70%,如图 9-4 所示。使用台式计算机、笔记本计算机、平板计算机上网的用户比例分别是 32.8%、28.2% 和 22.9%。可以说,当前的中国互联网用户可能不用 PC 设备上网,但是一定会用移动设备上网。

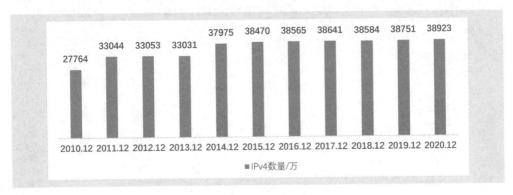

图 9-2　2010—2020 年中国 IPv4 数量

图 9-3　2010—2020 年中国 IPv6 数量

图 9-4　2010—2020 年中国移动互联网用户规模及普及率

在中国移动互联网用户数量快速上涨的同时，用户的使用深度与日俱增。在 2014 年以前，中国移动互联网接入流量还不曾在 CNNIC 报告中体现，但是 2014 年之后，这一指标成为中国移动互联网发展程度的重要衡量标准。2020 年，中国移动互联网接入流量已经从 2014 年的 20.6 亿吉字节上涨到了 1656 亿吉字节，如图 9-5 所示。同时，移动互联网已经渗透到了中国用户生活与工作的方方面面。而中国互联网的信息传播媒介也经历了从文字到图片，再到视频的跨越。

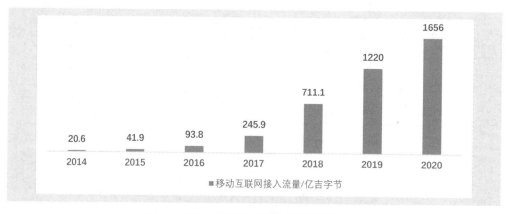

图 9-5　2014—2020 年中国移动互联网接入流量

## 9.1.2　中国互联网广告的新机遇

2018 年是中国互联网发展的拐点。一方面，中国互联网用户及移动互联网用户规模持续扩大，基础资源发展速度迈上了新的台阶；另一方面，中国互联网网站及 App 数量发生了转折性的变化。2010—2017 年，中国互联网网站数量由 2010 年的 191 万个快速上涨到 2017 年的 533 万个，上涨约 179%，而 2018 年开始逐步下降，截至 2020 年 12 月，已经下降到 443 万个，相比峰值下降了约 17%，如图 9-6 所示。这并不是说中国互联网的发展进入了瓶颈期，结合图 9-7 所示的中国互联网网页数量的持续上升，我们可以得出以下结论。一方面，部分网站随着时代的发展，因经营不善等多种原因陆续关闭；另一方面，其他网站的自有网页数量持续增加，中国互联网应用、服务在即时通信属性、社交属性、搜索属性上加速融合，向更加平台化、多元化的方向发展。而 2017—2020 年，中国在架 App 数量分别为 403 万个、452 万个、367 万个、345 万个，也从侧面印证了这一结论。

随着 App 向多元化、平台化方向发展，用户黏性逐渐增强，一批优秀的互联网社交平台快速成长。平台上的广告形式也呈现了多元化的发展趋势，不仅信息流广告从图片、文字发展到支持 GIF、视频等丰富的展现样式，广告也扩增了插屏、开屏、站内搜索、站内消息、软文等多种形式。丰富的平台和广告形式逐渐帮助多行业的广告主实现触达多角色的营销目标。而这类平台由于用户与平台之间、用户与用户之间逐渐增强的互动属性和社交属性，被称为社交平台。

图 9-6　2010—2020 年中国互联网网站数量

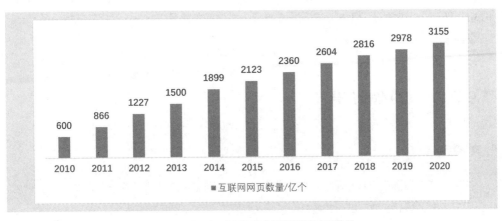

图 9-7　2010—2020 年中国互联网网页数量

# 9.2　社交平台的效果营销形式

## 9.2.1　社交平台广告分类

社交平台的广告根据实现的方式和技术手段，大致可以分为 3 类。

（1）实时竞价广告。

实时竞价广告包含了常见的文字链广告、信息流广告、插屏弹出广告、站内消息等广告形式，通常会按照位置＋人群进行双圈选。在触发广告时，平台不考虑素材本身的内容和用户属性的契合度；或平台在发布广告位时已施加强限制（如规定母婴区只能出现母婴类广告），而不是在实时竞价阶段区分广告内容素材。

（2）合约广告。

合约广告主张在固定的时间、固定的位置，给广告主专属的展示空间，取消了实时竞价，专注人群、位置、时间上的圈选，然后和平台约定价格，收费方式不再是每次点击成本（Cost Per Click，CPC）或千次点击成本（Cost Per Mille，CPM），而是按时长付费（Cost Per Time，CPT）。

（3）内容广告。

内容广告不考虑实时竞价、不考虑合约，只考虑内容本身和用户需求标签的契合度。如知乎平台的"知＋"、抖音的"抖＋"，付费只是推流，触达的关键是内容。这类广告在特殊场合会起到四两拨千斤的作用。

## 9.2.2　实时竞价广告

### 1. 文字链广告

文字链广告是国内出现最早的广告形式之一，其将核心的内容提炼为一句话或一个关键点，吸引用户点击了解。这种广告形式具有门槛低、应用广、信息密度高的特性。

当前应用在社交平台的文字链广告在持续地升级中。跻身在多种多样的广告形式中，广告主的文字链广告难免会出现一种反差，即大量的曝光却只换来少量的独立访客（Unique Visitor，UV）。要将文字链广告的效果真正地发挥出来，应注意以下几点。

（1）良好的位置。文字链广告是很容易被忽略的广告形式，所以位置极其重要，除了页面本身的流量外，要优先考虑用户的视觉感受，选择该页面中用户会主要关注的位置。常规情况下左上优先，即同一个页面中左边的位置要比右边的好，上边的位置要比下边的好。

（2）优质的内容。文字链广告往往不是孤立存在的，多条文字链广告聚集在同一片区域，各文字链广告之间共用曝光机会，存在很激烈的竞争。广告主要能抓住目标用户的痛点与需求，同时还要注意保持内容的质量。优先级：痛点＞需求＞内容质量。

（3）简易的转化方式。通过文字链形式吸引的用户因为门槛过低（无精确筛选，无详细内容铺垫），很难通过较为烦琐的转化方式，如表单、预约等方式转化。广告主应通过将文字链广告和用户既有联系方式进行捆绑来促进转化，如微信一键登录领取礼包等，提高用户接受度，同时用户下次也能通过微信或其他的入口更快地找到商家。

图 9-8 所示为某点评网站的物品推荐板块截图。该板块结合平台用户追求品质、趋众等特性，突出"10.2 万人围观""圣诞限定"等关键点，为某化妆品牌吸引流量；而"#"符号突出话题属性，迎合了用户参考他人评论的特性。而该形式占用版面小的特性也在一定程度上增加了页面信息密度，给予用户更多的选择。

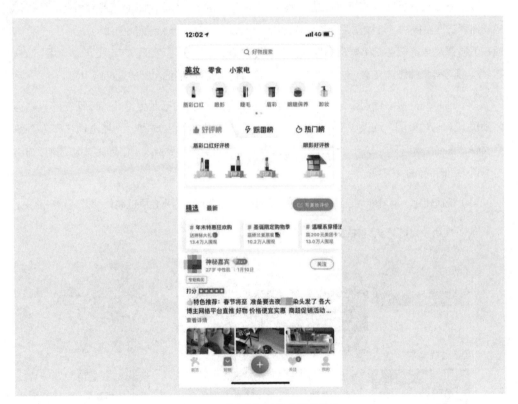

图 9-8　某点评网站物品推荐板块

## 2. 信息流广告

信息流广告目前是线上广告中应用最广泛、通用性最强，且可以在一定程度上做到品销兼备的广告形式之一，也是目前众多广告主使用率最高的广告形式。当前广告分类中的很多广告借鉴了信息流广告的实现机制，如短视频广告的刷新下滑形式、文章广告的推荐机制。

信息流广告由于嵌在平台原生内容中间，加之用户看某一类内容沉浸其中的时候往往不希望被打断，所以通常广告与用户观看内容的契合度越高，效果越好。前提是自身行业是可以融入进去的平台。通常平台选择 > 广告内容。

（1）强原生性。需要注意素材的类型与平台的风格是否搭调，常见的创意素材类型有人物肖像、实物写真、卡通形象、大字报。广告主要根据平台原生信息的展现形式调整素材类型，如果展现在用户面前的素材与平台的风格相差较大就会显得很突兀，用户接受度也会下降。

（2）精简性。展现的内容不宜过于复杂，在信息流的浏览体验中，信息是过载的，所以用户刷信息的速度很快，几秒就会划走当前内容。一般手机可以同时展现的原生内容为 3 ~ 5 个，现在的发展趋势是信息流单屏幕展现的内容越来越少，也越来越精细。广告主可以利用 JPG、PNG、视频等素材表达文字无法表达的含义，不一定要把全部的信息都放在标题里面。

（3）信息优先级。信息流广告中有创意素材配图的广告比标题更重要。以现在的大趋势可预见，人们对单图、动图、3 ~ 5 秒视频的信息流广告接受度更高，而点击通过率（Click Through Rate，CTR）高的创意往往是因为素材本身质量好、吸引人。信息优先级的排序通常为视频 >GIF> 静图 > 文字。

（4）快捷转化。尽可能地选择在当前平台直接转化，避免因为平台间的跳转而造成用户流失。

图 9-9 所示是叮咚买菜在微博中的信息流广告。

图 9-9　叮咚买菜微博信息流广告

叮咚买菜这则广告的成功之处主要有以下几点。

（1）广告资源选择。

其实每个人都有日常买菜的需求，但是如何在正确的时机触达对应的人群是难点。当人们看微博的时候通常是放松时间，有下载应用、完成转化的动力。

（2）注重原生性。

广告的内容轻松诙谐，具有很强的趣味性，和微博整体调性相符。用户在一开始会认为自己在看微博上的原生内容，很大程度上减少了对广告本能的抗拒。

（3）精准的信息点。

在叮咚买菜短短 33 秒的广告中，突出了至少 4 个关键的信息点。

① 身边朋友都在抱怨伙食费太高，感到无奈。

② 我使用了叮咚买菜，获得了良好体验。

③ 叮咚买菜有品类 / 配送优势。

④ 叮咚买菜的快速下载通道。

这几个信息点不仅快速交代了背景，而且快速引导用户关注到叮咚买菜的差异性及价值点，最后顺利引出叮咚买菜的下载通道。

## 3. 插屏弹出广告

插屏弹出广告与开屏广告的共同特点就是曝光能力强，常见于打开社交平台 App 后，比开屏广告互动性更高、呈现样式更加丰富，是品牌常用的宣传形式之一。当用户见到此类广告形式的时候，有 3 ~ 5 秒的时间可以感受到强大的视觉冲击力，搭配声音或视频素材可以让广告更加有效地呈现在用户面前，使用户初见此类广告有一种身临其境的感受。这类广告内容一般以节日优惠活动、新品发布宣传为主。

广告主使用插屏弹出广告触达用户的过程可以分为 3 个环节。首先，用户基于自己的使用需求打开某个社交平台 App，此时在用户脑海中就会有一个基于此平台的应用场景。广告主可以利用用户这个潜在的心理设计广告风格，让广告风格与社交平台应用场景更加搭调，提升用户的体验感。其次，社交平台 App 被打开后，系统会弹出一个时长 3 ~ 5 秒的广告，广告弹出的时候有 PPT 的动态播放效果，广告占据屏幕大约二分之一的面积，有些广告有声音效果，对用户的感官进行双重刺激。最后，广告播放结束的时候，广告不会突然消失，由动态转向静态的广告内容会停留在屏幕上，此时用户点击广告内的任意位置都会跳转到特定页面，如商品详情页、活动专题页、优惠券领取页面等。

## 4. 站内消息

互联网发展至今，线上信息密度与日俱增，效率提升、机会增加的同时，也逐渐出现了触达程度低、信息遗漏等问题。随着越来越多的平台开始改造自己的通知或者对话系统，消息、通知、对话之间的边界逐渐模糊，形成了泛会话系统。新的系统将系统与用户、用户与用户、品牌与用户融合，消除了用户和品牌之间的隔阂。另外，用户"收纳"信息的特性进一步延长了消息的特性，让消息在 7 天 /14 天 /30 天之后仍能对用户产生影响。

广告主要注意以下几点。

（1）有效期要长。站内消息相比其他广告形式最大的优势就是可长期存在于用户的信箱中。站内消息要保证长期有效才不会被用户轻易删除，例如在关于直播活动的消息中，应再加入一条回放链接，这有助于延长保持期，否则往往直播结束之后将很难再带来 UV。

（2）场景要完整。站内消息比普通广告拥有更大的篇幅空间。普通广告因为篇幅受限往往只能呈现内容和福利，而站内消息则可以使用背景—目的—内容—福利的呈现思路。完整的场景往往会更加吸引用户。

神策数据领英站内消息如图 9-10 所示。领英的消息系统中，有一条 2020 年 7 月 20 日的消息，从消息发出的当天到最后一节课程直播的时间（2020 年 8 月 5 日），消息是持续有效的。而即便 8 月 5 日之后，用户也同样可以通过领英的消息进入神策数据的官网与其进一步联系。除非用户主动删除消息，或者平台确实存在一定的时间限制，否则用户与神策数据之间长期存在一条简易的直接联系通道。

除了领英平台，站内消息在其他社交平台也早已成为不可或缺的重要板块。比如在微博，消息功能是五大板块之一，知乎、美团、抖音也分别将消息系统作为五大、四大、五大功能主板块之一，如

图 9-10　神策数据领英站内消息

图 9-11 所示。还有其他很多平台，此处不一一列举。

微博　　　　　　　　知乎　　　　　　　　美团　　　　　　　　抖音

图 9-11　消息系统在各大平台都是主要功能板块之一

## 📦 9.2.3　合约广告

### 1. 开屏广告

开屏广告和插屏弹出广告都拥有必看属性，而相比于插屏弹出广告，开屏广告不会打断用户的连续浏览体验，且用户打开 App 时只有一次开屏机会，所以开屏广告定价往往比插屏弹出广告更高。

当用户打开 App 的那一刻，根据行为习惯，用户的双眼往往会看向页面上边的位置，直到看到页面上出现该平台固定内容为止。而在此过程中，如果想实现媒体广告变现与用户体验的平衡，发挥出开屏广告得天独厚的优势，要注意以下几点。

（1）视觉冲击力。据 InMobi 发布的《中国移动互联网用户行为洞察报告（2018）》，对比其他广告形式，用户对开屏广告的关注度最高，可达 61.1%；另外有数据显示，开屏广告点击率平均可达 5%，甚至更高。

（2）观看流畅度。很多开屏广告，尤其是明星代言广告，会使用过于复杂的视频特效，而当用户没有接入 Wi-Fi 或者信号不好的时候，视频往往难以完整加载，用户还没看出个所以然，广告就播完了。

（3）平台契合度。针对 App 调性、界面风格、用户属性等，选择强相关品类广告主及其广告内容，从而提升广告投放效果。二次元属性 App 的开屏广告可以融入一些个性化、年轻化、潮流化元素（加入流行语、二次元形象等），学习类 App 的开屏广告应规避游戏、美容等广告。

（4）时段选择。对于开屏广告时段的选择，广告主往往存在滞后性，到即将与代理商沟通时才去考虑时段选择。用户在不同的时段有不同的接受程度，广告主应综合衡量自身行业、平台特性，选择用户有耐心看完开屏广告的时段。这样在对用户干扰最小化的同时，也增大了用户的信息接收量。

（5）投放区域。开屏广告可为全屏或非全屏，App 可结合平台特点自行设置。根据美数信息科技有限公司开屏广告变现经验，通常全屏曝光效果和点击率较佳；如果非全屏，为了获得更好的变现效果，建议开屏广告显示区域最好不小于整体画面面积的 75%。

（6）频次控制。用户可能一天内重复多次打开某个 App，如果用户每一次使用，该 App 都向其推送广告，甚至推送同一个广告，不仅用户所产生的变现价值会下降，并且可能造成用户审美疲劳，甚至用户流失。因此，建议媒体合理控制好开屏广告的曝光频次（包括同一用户看到同一品牌开屏广告的次数，以及同一用户某段时间内看到所有开屏广告的次数），以最大限度地提升广告投放效果和用户接受度。

（7）"跳过"按钮。开屏广告会给用户带来启动延时的干扰，因此，广告上应增加"跳过"按钮，以免影响非目标用户的使用体验，让其对广告、App 产生抵触心理。同时，设置"跳过"按钮能过滤掉无意向用户，以便后续对广告投放进行优化和重定向展示。此外，"跳过"按钮不要设置于开屏广告主图区域，避免用户误点击，可以放在右上角、右下角等边角区域。

某知名食品厂商抖音开屏广告实例如下。

某知名食品厂商通过平台划分的用户行为标签，向用户进行广告推送，将广告创意和标签结合，如针对不回家过年的用户，以春节的主题背景、外卖平台的折扣提升用户的消费欲望，快速购买的链接也降低了用户行动的门槛。

在传统的开屏广告基础上，当前一些平台也衍生出了与平台属性更加契合的独特开屏形式。如抖音开屏广告，通过"双图流"创新样式，解锁了开屏广告的全新形式——通过"全屏大图 +

栏目小图"的组合展现广告，然后在具体的创意内容制作阶段，基于对目标用户的深度洞察，打造个性化文案内容，传递品牌的重要信息，方便用户进行下一步行动，如转发、点赞、评论等。同时，评论区也会增加用户与用户之间、用户与品牌之间的互动，拉近用户与品牌之间的距离，减小用户的行动阻力。

目前更有一些广告主采用"问答式"双图流来展现炫屏图片的内容，即开屏通过一个直观的问题"宅了一个长假，你的腰背还好吗？"唤醒用户对自身健康的注意，然后进入首页引出信息流图片中"如何实现宅家自由躺，是时候换一个好的床垫了"的推广信息。通过前后内容的呼应，可成功引起更多用户的兴趣。除了"问答式"，当前常见的还有"悬疑式"和"反转式"。

## 2. 合约固定位广告

合约广告的英文是 Agreement-based Advertising，它是一种基于合约（Agreement）的商业广告模式。合约固定位广告是选定具体广告位展现内容的广告形式，一般以购买的周期（按天、周、月）计算。

在一些社交平台会出现合约固定位广告，常见的广告位置有 Banner 位、固定栏目的推荐位等。这类广告的优势是在购买期内长期存在，不会像信息流类型的广告因为刷新而消失。一般合约固定位广告多以图片形式展现，比文字类型的广告更有吸引力。

合约固定位广告的核心目标是获得高点击率，点击率越高，广告投放的效益就越大。相同时间内这种广告的收费固定（相同时间内 100 人点击广告与 10000 人点击广告的费用是不变的），所以使用合约固定位广告的首要目标就是增加广告的点击人数，进而获得高点击率。因此，做好以下 3 点有助于最大限度地提升广告投放效果。

第一，选择在哪里展现。首先选择与用户群集中的平台合作；其次在平台中选择细分的栏目板块；最后选择在具体栏目板块中的位置，比如顶部位置、底部位置。

第二，展现核心内容。这是非常关键的一个点，核心内容就是自身产品的核心卖点。在市场竞争激烈的当下，卖点相同的产品是很难打动用户的，因此很好地提炼核心卖点是合约固定位广告成功的关键。尽量将核心卖点精简为一句话或 1 ~ 3 个关键词。

第三，设计吸睛的素材。设计吸睛的素材是提升合约固定位广告点击率的窍门，优秀的设计能让广告价值翻倍，能让用户一眼就了解宣传的核心信息。如果有明星 /KOL 代言的素材，用上可以大幅提升广告的点击率。

## 🎁 9.2.4　内容广告

### 1. 内容文章广告

当前市面上的内容文章广告形式丰富，几乎每个社交平台上都会有自己的内容文章广告。虽名为内容文章广告，但其是文章、图片和视频的结合体，在各个平台上的表现形式会有所不同。内容文章广告具有两个显著特质。

（1）强原生性。内容文章广告往往会根据平台内容在表达方式上有所调整，用户往往不能清晰地分辨出其是否是广告，部分广告甚至取消了"广告"标识。

（2）弱化目的。内容文章广告往往会以增益内容为主，用户阅读文章可以丰富自己的知识、阅历，或是产生获得感，广告主则在这些内容中穿插对自己的介绍。

内容文章广告相对于实时竞价广告有一个显著的变化，那就是从"广告选人"变为"人选广告"，用户可以在平台上进行内容筛选，设置"我想看××"或为自己设标签。平台在向用户推送内容的时候也会把这类设置结果作为参考条件。比较常见的形式是知乎平台上的"知+"文章广告和大众点评上的美食推荐。

### 2. 短视频广告

大家熟知的抖音、快手等社交平台都有短视频广告。目前短视频营销形式主要可分为硬广告投放、内容植入、内容定制、"网红"活动、账号运营和跨平台整合。相比其他内容广告，短视频广告更加考验广告主创作和把控内容的能力，早前投放广告写文章、写创意、制作图片就能达到宣传素材的准备标准，但短视频除了准备这些外，还要编写剧本。

当前的短视频投放已经智能化，很多需要人工干预的投放策略已经被弱化、被系统的优化功能代替，比如定向、出价、预算等。因此在短视频广告中，广告主的关注点需要聚焦在两个方向。

方向一就是视频创意。好的创意可以大幅提升点击率。因此，在制作短视频广告时要关注"素材设计""文案编辑"。"素材设计"建议选择暖色系，在内容相同的情况下，人们对暖色系素材的点击率会高于冷色系；"文案编辑"注重的是内容剧情，推荐从 3 个方面去准备文案内容——真人故事、原生内容、图文结合。

方向二是短视频的用户交互行为分析。短视频的用户是所有数据的核心关注点。首先，分析用户画像对未来短视频投放方向的把控十分重要，分析用户画像可以知道用户群的年龄分布、性别占比、居住城市占比、观看视频的时间段，这些数据有助于广告主制订更加详细的视频运营方案，是优化视频创意的重要参考。其次，分析用户兴趣点，这有助于获得启发和灵感。建议广告主看用户观看数量最多的作品，去研究这些作品的题材、风格、标题特点、封面特点，把其中的共性提炼出来，进一步研究；分析哪些视频作品的评论数量最多，分析用户评论内容，找到优点和缺点；还要关注短视频的结果指标，比如视频的完播率、赞播比、评论数、转发数等。

视频素材的质量对投放效果有很大影响，而抖音支持横版视频、竖版视频两种投放形式，推广视频的时长建议在 30 ~ 120 秒，建议使用人物出镜的方式来拍摄。搭建抖音推广计划前，建议先通过视频审核，这样在搭建推广计划的过程中可以直接选择视频素材。为提升推广效果，视频中要表达的信息要清晰，可以对转化行动进行一定引导。抖音作为社交平台，允许用户对视频进行点赞、转发等互动，当有人转发了推广视频时，在一定程度上可以给推广带来附加的流量。

在明确目标后就要选定用户人群，抖音后台的人群定向功能很丰富，可以通过用户交互行为、用户兴趣标签、关键词包、自定义人群包进行多维度的人群选择；在选择人群的定向时，要注意叠加选择其他定向后的参考人数，其他定向有区域、性别、年龄、平台类型等，如果叠加后人群数量过少，投放较难起量，不利于 OCPM（优化千次展现出价）模型进入第二阶段，也不利于投放效果的长期稳定。

在抖音投放短视频广告的过程中，广告主有时候会收到评论，这也是抖音作为社交平台的一个特点。广告主可以利用这个特点多关注评论内容并及时回复，在评论中再次对用户进行引导。